INHALT

EINFÜHRUNG IN DAS HEFT

1978, vor 20 Jahren, erschien nach verschiedenen Vorläufern die erste Jahresreihe der Religionspädagogischen Praxis (RPP). In über 88 Heften wurden Modelle einer elementaren Religionspädagogik, Wege einer sinnorientierten, ganzheitlichen Pädagogik aufgezeigt. Dies gibt Anlaß zur Freude und zum Dank.

Dank gebührt an erster Stelle Sr. Esther Kaufmann. Sie hat aus ihren Erfahrungen mit Kindern, aus ihrer Intuition und Spiritualität den Weg der RPP begründet. Ohne sie wäre das Werk der RPP nicht entstanden. Dank gilt Pater Dr. Meinulf Blechschmidt, der seit Mitte der achtziger Jahre Sr. Esther zur Seite steht und der Zeitschrift und darüber hinaus den Publikationen des RPA-Verlags neue Akzente verlieh. Dank sei allen gesagt, die für die RPP immer wieder geschrieben, gedichtet, Lieder komponiert und in zahlreichen Kursen die Ideen der RPP verbreitet haben. Zu danken ist allen, die für die Herstellung, den Vertrieb der RPP sorgen, im besonderen Herrn Alois Kindl als Verlagsleiter und seiner Frau Irmgard Kindl. Ihnen allen gilt herzlicher Dank.

Ums Herz geht es inhaltlich in diesem Heft. Es ist als Fortsetzung der RPP 98-2 zu verstehen. Grundsätzliche Überlegungen über Erziehung als Herzensbildung werden mit praktischen Modellen, die wiederum den Advent und Weihnachten zum Inhalt haben, verbunden. Der „Herzmensch“ wird vorgestellt. Wir schauen das Herz als Ort unserer Wünsche. Wir begegnen in Maria und Josef Menschen mit einem hörenden, horchenden, gehorchenden Herzen. Die vierte Strophe eines alten Adventsliedes, „Macht hoch die Tür, die Tor macht weit, euer Herz zum Tempel zubereit“ führt uns einen Weg durch den Advent hin zur Krippe in unsere eigenen Herzen.
St. Nikolaus vermag einen an der Seele kranken Menschen zu heilen, ihm zu vermitteln, was in Röm 5, 5 geschrieben steht: „Die Liebe Gottes ist ausgegossen in eure Herzen.“
Die Heilige Luzia, deren Bild die Titelseite des Heftes prägt, und aus deren Leben eine zum Heft passende Bildermappe erzählt, wird vorgestellt. In Sizilien, Syrakus, hat sie gelebt. In den nordischen Ländern, in denen die Wintersonnenwende nach langen, dunklen Nächten sehnsüchtig erwartet wird, wird Luzia am 13. Dezember, also schon ganz nahe an Weihnachten, als Lichtbringerin gefeiert. Sie ergänzt als Herzmensch die Helferheiligen des Novembers und Dezembers und stellt als zweite Frau neben der hl. Elisabeth das Gleichgewicht zu den Heiligen St. Martin und St. Nikolaus her. Thomas Brunnhuber sei für die Gestaltung der Luzialegende in Wort, Lied und Bodenbild gedankt, Friedrich Maier für die Bebilderung in der Mappe.

Allen unseren Lesern sei Freude an diesem Heft gewünscht

Franz Kett

DIE BILDUNG DES HERZENS

DAS HERZ – MITTE UNSERER LEIBGESTALT

Vor einiger Zeit malte mir mein fünfjähriger Enkel ein übergroßes Herz, versehen mit Kopf, Händen, Füßen. Sie waren im Vergleich zum Herzen klein. Er nannte sein Bild einen Herzmenschen.
Das ist es, dachte ich mir. Das große Herz versinnbildet seine zentrale Funktion. Es pumpt das Blut in meinen ganzen Körper, hinauf in den Kopf, hinunter in die Beine – Füße, hinein in die Arme – Hände, bis zu den Fingerspitzen. In seiner übertragenen Bedeutung ist es als Personmitte Sitz meines Empfindens, Fühlens, Begehren, Wollens. Es läßt mich, wie man sagt, wachen Sinnes wahrnehmen und wertet, was ich wahrgenommen und im Denken verarbeitet habe. Es befiehlt, meine Füße dorthin zu geben, wohin es will und heißt meine Hände anzufassen und auszuführen, was es für begehrenswert hält. Diese zentrale Bedeutung des Herzens in seiner Doppelfunktion als Körperorgan wie personale Mitte findet Ausdruck durch seine Plazierung in unserer Körpergestalt. Das Herz bildet den Koordinationspunkt zweier Achsen, die zusammen ein Kreuz ergeben. Wir sprechen vom Körperkreuz. Der Mensch entfaltet sich und lebt in der Gestalt eines <u>Kreuzes</u>.
Der Symbolforscher Alfred Rosenberg hat darauf verwiesen, wie Menschen seit Alters her in dieser ihrer Kreuz-Körpergestalt ein Bild für das schauten, was sie sind und werden sollen. So tritt in der <u>vertikalen Achse</u>, die sich von den Füßen bis zum Kopf aufbaut, eine Polarität in Erscheinung, die es zu leben und zu meistern gilt. Wir sind von unten, d.h. aus dem Stoff der Erde geformt. Wir tragen in uns die Entwicklungsgeschichte der Erde, haben teil an vegetativem und animalischem Leben. Wir essen, trinken, verdauen, scheiden aus. Wir pflanzen uns fort. Wir sind aber auch von oben und suchen dorthin. In der Aufrichtung des Leibes, insbesondere des Hauptes, bekommen wir Übersicht, Weitsicht, Durchsicht, Hintersicht. Wenn ein Kind zu stehen und zu gehen lernt, weitet sich sein Lebensbereich. Es beginnen die Fragen nach dem Dahinter, das Weshalb, Warum, Wieso. Wir denken und suchen über uns hinaus nach mehr, als wir sinnlich zu fassen vermögen. Wir fragen nach Zusammenhängen, dem Hintergründigen, nach Sinn.
In der <u>horizontalen</u> Achse, die sich über Rumpf, Arme, Hände ausspannt, zeigt sich unser in „Beziehung-Sein", unser Eingebundensein in die Welt als Umwelt und Mitwelt. Wir erschauen, hören, riechen sie, schmecken, ertasten sie. Wir lassen uns von ihr ergreifen, fassen, prägen und gestalten sie unsererseits. Wir rühren an und werden berührt. Wir stehen ununterbrochen in Kontakt, im Austausch.
Die <u>Mitte</u> beider Achsen bildet unser <u>Herz.</u> Als Kern unserer Person hat es die Aufgabe der Koordination, der Wandlung oder Transformation. Was immer in dieser Mitte, diesem Kern zusammenläuft und wieder davon ausgeht, trägt den Stempel unseres Herzens. Es wird hier beherzigt und verherzlicht.

Dies trifft für alles zu, was unsere Sinne wahrnehmen und wir im Kopf durch Denken verarbeiten. Es gilt, mit dem Herzen zu schauen, zu hören, zu riechen, zu ertasten. Wenn wir nicht mit dem Herzen dabei sind, dessen Qualität das Staunen, sich Wundern, Betroffensein, Mitfühlen, ja Lieben ist, wird die Welt in der Weise, wie wir sie betrachten, zum bloßen Objekt. Wir analysieren, differenzieren, katalogisieren, sezieren kalt und gefühllos.

Was von unten, aus dem Becken, dem Bauch, dem vegetativen und animalischen Zentrum unserer Existenz an Vitalität und Antriebskräften hochsteigt, braucht Verherzlichung. Erst so bekommen Nahrungsaufnahme, die Fortpflanzung, der Selbsterhaltungstrieb eine menschliche Dimension.

Unser Beziehungstreten mit der Welt und allem Leben in ihr, besonders dem menschlichen, muß beherzt geschehen, von Herzlichkeit geprägt sein. Denn ein wertschätzender, liebender Umgang mit allem Geschaffenen erschaut erst dessen Wesen, Schönheit, seine Verletzlichkeit und bewahrt die Welt vor Ausbeutung, Zerstörung, garantiert im mitmenschlichen Zusammensein den Frieden.

In unserer Körpergestalt scheint eindrucksvoll auf, woraus unser Handeln in und an der Welt motiviert sein soll. Unsere Hände erwachsen uns nicht aus der Becken-Bauchebene, auch nicht aus dem Kopf. Sie gestalten sich aus dem Bereich aus, wo unser Herz schlägt und die Liebe wohnt.

„Das Herz ist die lebendige Mitte des Menschen. In ihm ist der Mensch angelegt; aus ihm wird immer neu der Mensch. Dort steigt der Trieb zur Durchgeistigung und der Geist geht in die Verleiblichung ein. Durch die Liebe.“ (Romano Guardini: Die Bekehrung des Aurelius Augustinus, S.63 – Kösel Verlag)

WO UNSER SCHATZ IST – IST UNSER HERZ

Nun haben wir vom Herzen gesprochen, als ob es gleichsam in seiner gesamten Natur gut sei. Wir haben von ihm im Sinne Exupérys gesprochen: „Man sieht nur mit dem Herzen gut, das Wesentliche bleibt für die Augen unsichtbar.“ (Kleiner Prinz)

Wir möchten Romano Guardini weiter zitieren.

„Freilich müßte nun eine Kritik des Herzens folgen. Denn es genügt nicht, daß das Herz zur Geltung komme; es muß sich selbst reinigen und umwandeln. Auch ihm droht Gefahr: das Eingeschränktsein in sich selbst; die Sentimentalität, welche weder die Wirklichkeit des Geistes, noch die des Leibes und der Sinne ernst nimmt; die Selbstherrlichkeit des Gefühls, das sich unfehlbar setzt, während doch auch das Herz irren kann, tiefer, verhängnisvoller und schwerer belehrbar als der Verstand, weil es die Unmittelbarkeit seines Erfahrens so leicht mit Wahrheit verwechselt. Auch im Herzen ist die Sünde, und wenn nur jene Gott schauen, die reinen Herzens sind, dann ist auch nur das rein und frei von der Selbstsucht, auch der feineren Selbstsucht der Triebe freigewordene Herz fähig, jene Aufgabe des Mittelbereiches zu erfüllen, von welcher die Rede ist.“ (Die Bekehrung des Aurelius Augustinus, S. 63–64).

Wir wissen um die Vielschichtigkeit unserer Herzen. So erfahren wir es als eng und weit, als offen und verschlossen, als groß- und kleinmütig, als weich und hart. Manchmal ist unser Herz voll guter Hoffnung und dann wieder von Verzweiflung geplagt. Wir sind leichten und dann wieder schweren Herzens. Wir sind in unserem Herzen auf Ausgleich bedacht, sehnen uns nach Frieden, Versöhnung. Dann wieder erfüllen uns Neid, Haß und Rachsucht. Wir sprechen von einem lauteren und unlauteren Herzen. Ja, dies und mehr wohnt unseren Herzen inne. Manchmal nimmt eine negative Seite viel Raum ein und verdeckt unser Angelegtsein auf das Gute und, daß Gott uns in unserem Herzen rufen und leiten möchte.

„Wo euer Schatz ist, dort ist euer Herz", sagt Jesus. Oder anders ausgedrückt: Wir hören, schauen, wollen und tun jeweils das, worauf unser Herz gerichtet ist. Eine kleine Geschichte kann uns verdeutlichen, was damit gemeint ist.

Da besucht ein Indianer seinen weißen Freund in New York. Beide wandern durch die Straßen der großen Stadt. Plötzlich bleibt der Indianer stehen und lauscht. Mitten im Verkehrslärm hat er das Zirpen einer Grille gehört. Der Weiße hört nichts. Er glaubt, der Indianer träumt. Er wird erst vom Gegenteil überzeugt, als ihm der Indianer die Grille in einem Efeugewächs zeigt. Der Weiße spricht voll Bewunderung aus: „Ihr Indianer habt doch weit feinere Ohren als wir". Da holt der indianische Freund eine Münze aus der Tasche und wirft sie in die Luft. Ihr Klang beim Aufkommen auf dem Boden läßt mitten im Tosen des Verkehrs Menschen innehalten und nach ihr suchen. „Wir alle hören gleich gut", sagt der Indianer. „Ein jeder hört, worauf sein Herz gerichtet ist."

War einem Mozart wohl von Kindesbeinen an das Herz auf die Welt der Töne gerichtet, so einem Franz Beckenbauer auf den Fußball. Was uns bewegt, und wir aus ganzem Herzen suchen, hängt von den Lebensumständen, den Anlagen und Begabungen ab und ist auch entwicklungsmäßig bedingt. So wird einem Pubertierenden die Entdeckung der eigenen vitalen Antriebskräfte, der eigenen Geschlechtlichkeit und ihrer Gerichtetheit auf ein Du stark in Anspruch nehmen und er steht vor der Aufgabe, damit sinnvoll umgehen zu lernen.

Neben diesen anlage- und entwicklungsmäßig bedingten Vorlieben und Gerichtetheiten gibt es solche, die sich auf Grund von Umwelteinflüssen, Einwirkungen von Seiten des Elternhauses, des Freundeskreises, durch Erziehung und Bildung entfaltet haben. Der Geist einer Zeit wirkt sehr bestimmend. Die Beurteilung dieser Gerichtetheiten, ob ich mehr die Grille zirpen oder das Geld klimpern höre, hängt wiederum von der Einstellung des Gesellschaft ab, von ihrem Welt- und Menschenbild, den Maßstäben, die sie für Erziehung, Bildung setzt. Wir gehen bei unserer Wertung davon aus, daß der Mensch eine Ganzheit ist. Er soll sich finden und verwirklichen im Sinne seiner Gestalt, der Kreuzgestalt und in Orientierung an dem, was ihn zum Menschen macht, an der Liebeskraft seines Herzens.

Dieser Wertungssicht folgend lebt der Mensch verkürzt, wenn er sein Kreuz,

seine Vierdimensionalität verleugnet und sich sein Denken, Streben, Handeln, Lieben, von seiner Ganzheit abgespaltet, nur auf eine Seite seiner Existenz richtet.
Versuchen wir zeichenhaft darzustellen, worin ganzheitliches Leben besteht und wir Verkürzungen dieser Ganzheit wahrnehmen können.

Wir sind gleichermaßen im Lot, in vier Dimensionen ausgerichtet, nach oben, nach unten und seitlich. Wir sind geerdet, gehimmelt, geseitet. Wir akzeptieren uns in unserer Polarität von Körper und Geist und in unserer Einbindung in die Welt. Wir leben aus den Kräften unseres Herzens, aus der Liebe, wissen uns verantwortlich für uns selbst, für die Welt als Mit- und Umwelt und tragen für all dies Sorge.

Unser Sinnen, Streben und Trachten ist vornehmlich oder gar ausschließlich nach unten, auf die Erde, das Stoffliche, die Materie, das Materielle gerichtet. Wir leben im Haben, Besitzen. Der Apostel Paulus beschreibt in Phil. 3,19 diesen Zustand: „Ihr Gott ist der Bauch." Der Verhaltensforscher Konrad Lorenz spricht von Menschen, die nur an Fressen, Saufen und Begattung denken. In der Erfüllung leiblicher Bedürfnisse geht unser Lebenssinn auf.

Was wir leiblich sind, wird nicht beachtet, und, weil vergänglich, als gering, unter Umständen minderwertig, ja verdorben und böse bezeichnet. Wir geben unseren vitalen Antriebskräften nicht die ihnen zukommende Bedeutung, setzen uns mit ihnen nicht auseinander, verdrängen sie.
Indem das Geistige übergewichtet wird, verlieren wir den Boden der Wirklichkeit. Wir heben ab. Wir kommen dabei aus der Realität, können uns nicht mehr in die Wirklichkeit einfühlen, sehen sie verzerrt und setzen uns über viele Befindlichkeiten des Lebens hinweg. Wir kompensieren diesen Mangel unter Umständen mit elitärem Bewußtsein, mit Hochmut und Arroganz, oder mit Weltflucht.

Wir erkennen uns als von oben und von unten. Unser Ausgerichtetsein in dieser Polarität und die Spannung, die sich daraus ergibt, werden zur ausschließlichen Betrachtungsweise. Wir drehen uns in narzistischer Selbstbespiegelung und Selbsterfahrung ständig um uns. Daß wir eingebunden sind in eine Welt mit tausend Anforderungen, wird übergangen. An erster Stelle steht meine Individualität. In der Pflege des Eigen-Sinns haben wir keine Gedanken und Hände mehr frei für Gemein-Sinn.

Wir sind eingebunden, unter Umständen verstrickt in viele Beziehungen. Können wir sie, die Aufgaben, Verpflichtungen, die daraus wachsen, tragen, ertragen, aushalten, ohne Standpunkt, ohne Verankerung weder unten noch oben? Alles hängt gleichsam in der Luft. Belastungen werfen uns um. Wir sind wie ein Baum, der wenig verwurzelt ist.

Unserem Ausgerichtetsein, Menschsein fehlt die Einheit stiftende Mitte, das Herz. Unsere Handlungsweisen sind ungeordnet, konfus. Sie wirken unter Umständen widersprüchlich. Wir sind weder kalt noch warm, weder Fisch noch Fleisch, gewissenmaßen gestalt-, konturlos. Wir besitzen keinen erkennbaren Charakter, kein Zentrum.
Wir kommen in Leid, wenn wir entdecken, wir sind aus einer Ganzheit stiftenden Kraft herausgefallen.

Nimm dein Kreuz auf dich und folge mir nach“, heißt es bei Mk 8,34. Oft wurden mit diesem Jesuswort unnatürliche und unerträgliche Lasten aufgebürdet. Ob wir es nicht so deuten können?
Horch auf dein Herz! Es weiß um alle Richtungen deines Lebens. Es ist auf alle Richtungen deines Lebens hin angelegt. Es sucht und liebt in alle Richtungen hin. Gestalte dein Leben auf all diese Richtungen hin aus! Spalte nichts ab, verkürze nichts! In der Abtrennung eines Teils und der Übergewichtung der anderen Teile verlierst du dein Gleichgewicht. In der „Absonderung“ steckt das Wort Sünde. Du versündigst dich gegen deine Ganzheit, gleich welchen Anteil du in dir nicht annehmen und leben willst. Folge deinem Herzen, seiner Liebeskraft, seinem Eros. Dies ist nicht einfach. Dies bedeutet Spannung, Kreuz. Doch nimm dein Kreuz auf dich und folge mir nach! So wirst du ganz und heil. Lebe aus der tiefsten Kraft deines Herzens, aus der Liebe! Liebe bis in den Tod hinein! Im Tod wird die Liebe jedes Menschen offenbar. Die Liebe überwindet den Tod. Schau auf mich am Kreuz, auf mein geöffnetes Herz!

DAS HERZ, DER ORT, WO GOTT UNS NAHE IST

Das Herz ist für den Herzkenner Augustinus – er wird in der Kunstgeschichte oft mit einem brennenden Herzen dargestellt – die Nahtstelle der Existenz Gottes mit unserer Existenz. „Unruhig ist unser Herz, bis es Ruhe findet in dir, o Gott“.
Gott lockt uns nach Augustinus im Herzen an, er lockt uns auf sich zu. Er läßt in seinem Liebeswerben nicht locker, indem er uns unentwegt auf der Suche nach ihm hält. Die eingestiftete Kraft aber, in der uns Gott lockt und

in der wir zugleich Gott suchen, ist die Liebe. Das griechische Wort Eros trifft auf diese Liebe am besten zu. In ihm steckt etwas Drängendes, Bewegendes, ja Leidenschaft.

Die zweite Einstiftung Gottes in unser Herz besteht in der Conscientia, vielfach übersetzt mit „Gewissen". Da der Begriff Conscientia unter dieser Übersetzung mit ganz bestimmten Vorstellungen besetzt ist, wollen wir ihm nachspüren. Conscius ist lateinisch der Mitwisser, die Mitwisserin, der Zeuge, die Zeugin, der Vertraute, der Teilnehmer, die Teilnehmerin. Conscientia bedeutet demzufolge: Mitwisserschaft, Mitkenntnis, Einverständnis. In der Conscientia sind wir Mitwisser Gottes in Bezug auf das Wahre und Gute. Wir leben in ihr im Einverständnis, in der Akzeptanz dessen, was wahr und gut ist.

Gott wirkt somit in zweifacher Weise in uns: durch die Conscientia, in der er uns zu seinen Mitwissern um das Wahre und Gute, das er letztlich selber ist, macht, und durch die Liebe, die als Eros in uns angelegt, uns das Wahre und Gute und damit ihn, als höchstes Gut selbst, suchen läßt.
Augustinus sieht menschliches Streben, Schauen, Wissen in Einem verwoben. Dieses Eine ist das Herz. Augustinus denkt, wenn wir einen Begriff aus unserer heutigen Vorstellungswelt wählen, ganzheitlich:

Wir wollen zu dieser Vorstellung des Herzens als Ort der Gottesbegegnung noch andere, solche aus der Tiefenpsychologie beiziehen und schauen, ob sich Parallelen entdecken lassen.
C.G. Jung spricht von dem Größeren, das unsere ichhafte Existenz übersteigt, als dem SELBST. Dieses SELBST wird in Bildern, wie z.B. in einer goldenen Kugel, einem unfaßbar hellen Licht, einem Schatz, einer Perle, einem Edelstein, einer sich entfaltenden Herzblüte gefaßt. Es zeigt sich im Archetyp des „göttlichen Kindes". Es ist uns eingestiftet, wir sind auf es angelegt. Es drängt uns, es Gestalt werden zu lassen. Es führt und leitet uns gewissermaßen, schafft immerfort neue Lebensherausforderungen, Lebenskonstellationen, damit wir Fehlverhalten korrigieren und auf das hinwachsen können, was wir werden sollen.

Wir haben ein Wissen um dieses Selbst, um die Prozesse der Selbstwerdung. Dieses Wissen schauen wir mehr mit den Augen des Herzens. Im Verstand wird reflektiert, was das Herz weiß, geschaut hat. Wir sprechen bei diesem Wissen von Lebenswissen. Es fließt uns subjektiv zu in unseren körperlichen Befindlichkeiten, in unseren Träumen. Objektiv hat es sich manifestiert in den Bild – Erzählgestalten der Mythen, Märchen, in Lebensgeschichten, wie sie uns die großen Religionen vermitteln.

In einem Hinschauen auf dieses Lebenswissen in einem Hineinhorchen und Hineinschauen in uns, in unser Herz, in seine Weisheit, ja in einem Gehorsam gegenüber dieser Weisheit werden wir uns unserer Herzenkräfte inne. Sie entfalten sich. Wir finden zu uns selbst.

INTENTIONEN EINER HERZENSBILDUNG

Pestalozzi verstand den Menschen als Einheit von Leib, Geist, Seele. Demzufolge forderte er eine Erziehung im ganzheitlichen Sinne, eine Bildung von Herz, Hand und Verstand.

Es besteht immer wieder die Gefahr, diese Ganzheit des Menschen aus dem Auge zu verlieren. Eine Gesellschaft, die sich vornehmlich als Wissens- und Informationsgesellschaft versteht, die auf die Wirtschaft als beherrschende Macht, auf Produktivität und Konsum ausgerichtet ist, wird sich vornehmlich die Bildung des Verstandes und der Handfertigkeit, Handwerklichkeit angelegen sein lassen. Kräfte werden geschult, die diesen wirtschaftlichen Interessen dienen: Flexibilität, Mobilität, Sachverstand, Vertrautheit mit den modernen Kommunikationsmöglichkeiten.

Unsere pädagogischen Vorstellungen richten sich dagegen auf die Ausbildung der Kräfte, die den Menschen menschlich machen, die ihn mehr im Sein als im Haben leben lassen (Erich Fromm), die ihn als denkenden und fühlenden Teil der Schöpfung zu einem wertschätzenden Umgang mit ihr befähigen, kurzum auf die Bildung des Herzens.

Wollten wir die Intentionen einer Herzensbildung präzisieren, so läßt sich sagen:

Es geht um die Bildung des inneren Menschen,

1. daß er mit seinen Kräften ins Gleichgewicht kommt, konkret, daß er aus der Ichbezogenheit zur Dufähigkeit wächst, nicht mehr nur sich selbst sieht;
2. daß er mit seinen Gefühlen umzugehen vermag, d. h. daß er sich in seinen Stärken und Schwächen schauen und annehmen, in seinen Antriebskräften steuern lernt;
3. daß er glücksfähig wird und zwar in dem Sinne, daß sein Glücklichsein weniger darin besteht, alles haben zu müssen, als vielmehr in der Mitfreude am Wohlergehen des anderen;
4. daß er aus dem Körperlichen ins Geistige finden kann, hinter die Dinge zu schauen vermag, die Sinnfrage stellt; daß er in eine Sinndeutung eingeführt wird, diese als Wegweisung in Freiheit annehmen lernt; daß er Lebenszusammenhänge schauen und diese Schau als Stärkung und Hilfe auf seinem Weg annehmen kann;
5. daß er bereit wird, Anforderungen an sich zu stellen und in diesen Anforderungen auch zu wachsen; daß er Selbstbeschränkung erlernt, fähig wird, Grenzen einzuhalten und sich selbst darin zu halten;
6. daß er lernt, bei einer Sache, einer Aufgabe zu verweilen und sich ihr ganz und gar, d. h. mit dem Herzen hinzugeben;
   (Wir sprechen in diesem Sinne von einer Pädagogik des Verweilens bzw. der Langsamkeit)
7. daß er den Himmel ein Stück in sich selber zu finden vermag, analog dem Lied: „Weißt, du wo der Himmel ist, außen oder innen? Einen Sprung in dich hinein, du bist mitten drinnen.“

WIR ENTDECKEN UNS ALS HERZMENSCHEN

VORÜBERLEGUNGEN

Pädagogische Gedanken und Zielsetzungen gilt es in pädagogische Handlungen umzusetzen und zu verwirklichen. Das Wissen um unser Körperkreuz mit dem Herzen als Zentrum und die Bedeutsamkeit dieser Gestalt für unser Menschsein soll erschlossen, gedeutet, vollzogen, kurzum wirksam gemacht werden. Während für Jugendliche und Erwachsene als Bodenbild eine etwas abstraktere Form, ein Herz, versehen mit aus Tüchern gestalteter Quer- und Längsachse, passend ist, müssen wir bei Kindern im Elementar- und Grundschulbereich anschaulicher werden. Wir sprechen vom Herzmenschen und legen ihn auch konkret mit Kopf, Beinen, Armen und Händen aus. Der Kraft, die aus dem Herzen in zweifacher Weise, als Lebenssaft, Blut und als seelische Energie in den Körper strömt, spüren wir nach, indem wir ihren Weg uns vorstellen und ihn mit den Händen am Körper nachvollziehen. Wir konnten mit Kindern mehrfach entsprechende Übungen vollziehen und fanden es immer wieder erstaunlich, wie diese sich darauf mit großem Ernst und Hingabe einließen. Unsere folgende Übung steht mit solchen in der RPA, Heft 1998-II in Beziehung, setzt sie fort und führt sie weiter. Das Thema Herz erweist sich, wenn man damit arbeitet, als schier unerschöpflich.

1. WIR GESTALTEN GEMEINSAM EIN HERZ

❍ Wir sitzen im Stuhlkreis und richten uns auf die Mitte aus
- im Schauen
- im Zeigen mit der Hand
- im Abwägen der Schritte
- im vorstellungsmäßigen Gehen, das von einzelnen Kindern auch tatsächlich ausgeführt wird
- im Markieren der Mitte mit einem Ring, einer Kugel, etc.

❍ Der/die Gruppenleiter/in fordert die Kinder auf, zu beobachten, welchen Weg er/sie um die Mitte abschreitet. Er/sie wird es sooft tun, bis die Form erkannt wird und von Kindern nachgegangen werden kann.

❍ Einzelne Kinder legen mit vier oder fünf eingerollten roten Rhythmiktüchern die erkannte Herzform. Das Ablegen der einzelnen Tücher erfolgt nacheinander. Ein Cymbelton kann jeweils Aufforderungszeichen sein.

Von den Ausführenden werden Aufmerksamkeit und Einfühlung verlangt, gilt es doch in Zusammenarbeit die Herzform zu gestalten. Anfang, Fortsetzung, Ende müssen richtig gesetzt werden. Bei Mißlingen wiederholen wir das Spiel. Aus Fehlern kann man lernen.

2. WIR BILDEN AUS DEM HERZEN EINEN HERZMENSCHEN

- ❍ Der/die Gruppenleiter/in legt an das Herz mit Seilen Hände – Füße – einen Kopf. Die Kinder nehmen im Schauen an diesem Tun teil. Sie raten, was das für ein Bild wird.
- ❍ Wir suchen für unser Bild einen Namen, z.B. Herzmensch. An Hand des Bildes können wir uns mit den Kindern in doppelter Weise als Herzmenschen schauen: physisch und psychisch.

3. UNSER HERZ SCHICKT BLUT DURCH UNSEREN LEIB

- ❍ Wir suchen mit den Händen unser Herz. „Hand aufs Herz!“ Können wir sein Pochen, Schlagen wahrnehmen?
- ❍ Wir können vom Pochen unseres Herzens singen:

❍ Wir führen unsere Hände vom Herzen nach oben
- zum Kopf
- zu den Augen
- zu den Ohren
- zur Nase
- zum Mund
- zur Stirn.

Unser Herz treibt das Blut in den Kopf, damit wir
- schauen
- hören
- atmen / riechen
- essen / reden
- denken können.

Das Blut fließt auch wieder zur Mitte, zum Herzen zurück (Geste).

❍ Wir führen vom Herzen unsere Hände nach unten, über
- Bauch
- Oberschenkel
- Knie
- Schien-/Wadenbein
- Füße
- zu den Zehen.

Unser Herz treibt unser Blut hinab in die Beine bis zu den Zehenspitzen, damit wir gehen, laufen, springen, tanzen können. Von dort fließt es auch wieder zurück zum Herzen (Geste).

❍ Wir strecken langsam vom Herzen unsere Hände seitwärts aus und stellen uns vor, wie unser Blut, der rote Lebenssaft durch die Arme in die Hände bis in die Fingerspitzen strömt. So können wir die Hände ausbreiten hinein in die Welt. Wir können die Finger bewegen, sie zur Faust ballen, wieder öffnen. Wir können mit den Händen fassen, anpacken und wieder loslassen.

❍ Wir bleiben noch eine Weile in dieser Haltung, (Kreuzgestalt) stehen. Wir spüren (wer kann, unter Augenschluß) nach, wie von der Mitte, vom Herzen her Blut in vier Richtungen fließt:

- nach oben, in den Kopf
- nach unten, in die Füße
- seitwärts, in die Arme/Hände
- aber auch zurück.

Gebet

Unser Herz schlägt. Wir leben!
Gott sei Dank!

4. AUS UNSEREM HERZEN KOMMT KRAFT (ENERGIE)

❍ Wir legen unsere Hände erneut aufs Herz und bedenken und bereden, daß in unseren Herzen ganz viel gute Kraft wohnen kann. Wir finden für diese Kraft Namen wie:

- Mutmachkraft
- Freudekraft
- Durchhaltekraft
- Friedenskraft
- Liebeskraft
- Verzeihkraft.

❍ Wir suchen für die Kraft (Energie) eine Farbe aus, z. B. gelb oder rot und füllen damit unser gemeinsames Herz.

❍ Manchmal ist unser Herz auch leer und es fehlt uns Kraft. Wir überlegen mit den Kindern, welche Kraft jeder besonders braucht und benennen sie. Die Kinder erfahren auch, daß man um diese Kraft bitten kann. Gott ist es, der die Kraft in unser Herz gibt, uns mit Kraft beschenkt, ja diese Kraft ist. In einem konkreten Fall kam am Morgen im Freispiel großer Streit auf. Thomas hatte Christian aus Mutwillen oder Neid den mühevoll erbauten Turm zerstört. Christian hat sich zur Wehr gesetzt. Eine Prügelei und Rauferei entstand, deren Eskalation von der Erzieherin nur mit Mühe unterbunden werden konnte. Ein Gespräch brachte keine Versöhnung. Die Feindschaft blieb im Raum und ihr erneuter Ausbruch konnte jederzeit erwartet werden. In der dem Streit folgenden Beschäftigung , der Betrachtung unseres Herzmenschen und der Kräfte, die wir brauchen, kam bei den Kindern wieder die Rede auf den Streit. Die Kinder wünschten für Thomas und Christian Verzeihkraft.

❍ In diesem Falle bitten wir Gott um die Verzeihkraft. Wir stellen uns vor, wie sie als Gottesgabe aus unserem Herzen durch den Körper strömt.

Gott, unser Vater!
Schenke uns Kraft von dir, die Kraft
zu verzeihen!

Die Kraft fließe aus unserem Herzen in
unseren Kopf.
So können wir von einander wieder gut
denken.
Wir können einander wieder gut ansehen.
Wir können einander gut zuhören.
Die Kraft ströme aus unserem Herzen
durch unseren Bauch bis hinunter zu
unseren Füßen.
So können wir wieder aufeinander
zugehen, um Frieden zu schließen.
Die Kraft fließe aus unseren Herzen in
unsere Arme, Hände.
So können wir sie zueinander ausstrecken,
sie einander geben und zueinander sagen:
Friede soll wieder unter uns sein!
Gott! Schenke uns diese deine gute Kraft.
Amen.

5. DIE LIEBE GOTTES IST AUSGEGOSSEN IN UNSERE HERZEN (Röm 5/5)

Als Alternative zu 4. kann unser Augenmerk besonders der Kraft zu lieben gelten. Wir können unsere Alltagsverrichtungen mit Verdrossenheit, aber auch mit Freude und Liebe im Herzen tun. Wenn wir mit Liebe kochen, backen, Haus, Garten, unsere Arbeit gestalten, bekommt alles eine neue Qualität. Das Miteinander der Urchristen fiel ins Auge. „Seht, wie sie einander lieben". Die Liebe sollte Erkennungsmarke auch für uns sein, die wir auf den Namen Jesu getauft sind, uns als Christen bekennen.

- ❍ Wir entdecken ein kostbar gestaltetes Herz (Wachs, Metall, etc.) und reichen es behutsam im Kreis weiter.
  Der, die Leiter(in) erzählt der Gruppe die Geschichte dieses Herzens, daß er/sie das Herz von einem Menschen erhalten hat, der damit sagen wollte: Ich mag dich gern.
- ❍ Das Herz wird im Herzmenschen auf einer kostbaren Unterlage abgelegt. Wir fassen uns am Herzen, dem Ort, wo die Liebe wohnt, aber auch der Haß und der Neid.
  Wir hören das Wort des hl. Paulus:

„Die Liebe Gottes ist ausgegossen in euere Herzen."

Wir beten um ein liebendes Herz:

Gott,
gieße Liebe aus in unsere Herzen!
Die Liebe erfülle uns ganz und gar,
unser Denken,
unser Schauen,
unser Hören,
unser Reden.
Laß uns mit Liebe tun,
was wir tun sollen und wollen:
arbeiten und spielen,
beten, miteinander sein.
Laß uns mit Liebe im Herzen
unsere Wege gehen
Erfülle uns mit der Kraft deiner Liebe. Amen.

6. WIR GESTALTEN EINZELNE HERZMENSCHEN

❍ Jedes Kind erhält ein Seil, dazu Gestaltungsmaterial wie Kastanien, Eicheln, Kieselsteinchen. Dazu kommen Stäbchen, Scheiben aus Holz oder Karton. Daraus können „Herzmenschen“ gelegt werden. Wir können sie auch füllen mit buntem Legematerial, Filzteilen, Kreisen, Tropfen aus Tonpapier und anderem als Zeichen für das, was in unserem Herzen wohnen kann.

❍ Wir können unsere Herzmenschen mit Holzperlen, Plättchen etc. verbinden und diese Verbindung wiederum im Kreis in unseren Händen aufnehmen und singen:

T. u. M.: Klaus Heizmann

UNSER HERZ IST VOLLER WÜNSCHE

GEDANKEN

Ich wünsche dir einen guten Morgen, einen guten Tag.
Ich wünsche dir Gesundheit, ein langes Leben, Erfolg.
Ich wünsche dir Tod und Verderben.
Ob meine Wünsche positiv oder negativ sind, sie kommen, wenn sie nicht leere Anstandsformeln sind, aus meinem Herzen. Sie sind Herzensenergien. Ich stehe ganz und gar, mit allen Fasern meines Lebens dahinter. Ich wünsche von Herzen. In meinem Wunschdenken trete ich in Beziehung.
Mit dem Großteil meiner Wünsche meine ich mich selbst. Ich wünsche mir Zeit, nette Kollegen, gute Freunde, eine Familie, Ansehen und Achtung. Das Streben nach Einfluß, Besitz, Macht ist hinter vielen meiner Wünsche versteckt. Der Wunsch ist der Vater des Gedankens, heißt es. Manch edle Wünsche, die ich für mich und andere hege, entpuppen sich beim näheren Hinschauen als gar nicht so edel. Der Wahrheit über sich selbst ins Angesicht zu schauen, ist oft schwer erträglich. In Psalm 139, 23 bitten wir um Gottes Hilfe dazu: „Erforsche mich, Herr, schau in mein Herz, prüfe mich und erkenne, was mir Unruhe schafft."
Wünsche haben etwas mit Träumen zu tun. Ich wünsche mir einen Traumurlaub, einen Traumjob, einen Traumpartner. Ich ersehne Vollkommenheit, soweit ich sie mir auf Grund meiner Bedürfnisse und Mangelerfahrungen vorstellen kann. Wünsche sind eine treibende Kraft in meiner Lebensentwicklung. Wunschlos glücklich sein ist als Zustand wohl nie von Dauer. Mit dem Wunsch, nichts mehr zu wünschen, würde ich in meinem Denken, Fühlen, Handeln stagnieren. „Unruhig ist unser Herz bis es Ruhe findet in Dir, mein Gott", schreibt der hl. Augustinus.
Das Weihnachtsfest löst besonders viele Wünsche aus. Bei unseren Kindern sind sie sehr nach außen gerichtet, auf Geschenke aller Art. Manch Weihnachtsabend hinterläßt dann auch ein Schlachtfeld aufgerissener Verpackungen. Die Erfahrung des Beschenktwerdens als Ausdruck der Liebe und Wertschätzung kann so ins Hintertreffen gelangen.
Bei uns Erwachsenen ist es ein wenig anders. Unsere Wünsche richten sich auf Ruhe, Entspannung, Harmonie, Zeithaben für einander, konfliktloses Zusammensein in der Familie. Ein Hauch von Melancholie erfaßt uns. Wir erinnern uns unserer Kindheit, sehen sie aus dem Abstand verklärt und wünschen uns in sie zurückversetzt, vielleicht nicht altersmäßig, aber doch zustandsmäßig. War es nicht eine Zeit der Sorglosigkeit und Offenheit, eines großen Vertrauens ins Leben, des Erlebens, geborgen und geliebt zu sein? An Weihnachten, im Glanz und in der Wärme des Christbaumes, verdichteten sich diese Erfahrungen zur Person des Christkindes, das wir ersehnten, erwarteten und im Weihnachtsfest feierten.

Wir suchen zutiefst in unseren Herzen das Kind. C.G Jung würde sagen, das „Göttliche Kind“. Es verheißt Ursprünglichkeit, Lebendigkeit, Lebensentwicklung, Lebensfülle, Versöhnung und Einssein mit uns selbst, Paradies. Dieses Kind möchte in uns geboren werden, sich entfalten, wachsen. Unsere Begrenztheit, unsere Fehlerhaftigkeit, ja unser Scheitern, bildlich gesprochen der Mist, den wir gebaut, das Stroh, das wir gedroschen haben, ist der Ort, wo wir uns nach dem Kind sehnen, uns ihm öffnen, es empfangen. In die Armut und die Leere unserer Herzen kann der kommen, der alles Leben ist.

GESTALTUNG

1. WIR GESTALTEN EIN HERZ ALS BODENBILD

- ❍ Wir sitzen im Stuhlkreis, spüren uns durch vom Kopf bis zu den Füßen, oder auch umgekehrt. Wir suchen unser Herz am rechten Fleck. Wir spüren mit den Händen nach, ob wir es schlagen hören, fühlen.

- ❍ Die Mitte unseres Stuhlkreises markieren wir mit einer Schüssel, die eine Kugel beinhaltet. Vier eingerollte Rhythmiktücher liegen bereit. Ein Kind bringt die Kugel zum Rollen. Wenn sie stillsteht, beginnt ein anderes Kind mit einem der Tücher ein Herz zu gestalten. Es bringt seinerseits die Kugel in Bewegung und fordert ein weiteres Kind auf, bei Stillstand der Kugel die Gestaltung des Herzens fortzusetzen, usw.

2. WIR SCHAUEN UNSER HERZ UND SEINE WÜNSCHE

- ❍ Wir befühlen mit unseren Händen wieder unser Herz. „Unser Herz hat viele Wünsche. Gerade jetzt, wo wir auf Weihnachten warten, ist es ganz voll davon.“
  Die Kinder werden angeregt, die Augen zu schließen und in ihr Herz zu schauen, was es sich zu Weihnachten alles wünscht.

- ❍ Die Erzieherin geht von Kind zu Kind und läßt sich die eventuellen Wünsche ins Ohr flüstern.

- ❍ Wir verpacken unsere Wunschvorstellungen in große Pakete. Wir tun dies pantomimisch. Wir verschnüren sie in der Vorstellung mit schönen roten oder gelben Bändern.

- Die Kinder bringen pantomimisch ihre Pakete zum Herzen, legen sie dort ab.
- Wir stellen uns vor, wie unser Herz mit Geschenkwünschen, Geschenkpaketen ganz ausgefüllt ist, so daß nichts mehr Platz darin hat. Eventuell singen wir:

Kett

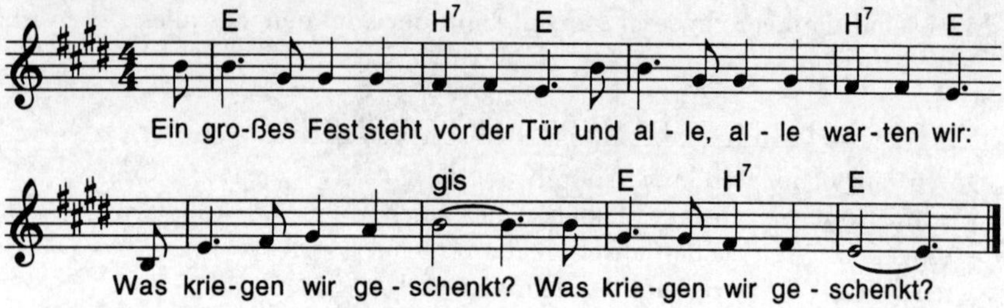

3. WIR ÖFFNEN EIN WEIHNACHTSPAKET

- Die Erzieherin zeigt ein in zwei gelbe Rhythmiktücher gehülltes, doppelt (d.h. innen und außen) verschnürtes Weihnachtspaket. (Das Paket ist mit Strohhalmen gefüllt und enthält einen Brief).
  Es wandert in der Runde. Kinder können Vermutungen über den Inhalt, etc. äußern.
- Ob es noch in unserem „Herzen“, gefüllt mit den Wunschpaketen, Platz hat?
  Vielleicht müssen wir Platz schaffen! So spielen wir pantomimisch, wie wir aus unserem „Herzen“ etwas herausnehmen. Ist ein Kind bereit, sein Paket wieder fortzunehmen?
- Wir legen unser Paket im „Herzen“ ab und enthüllen es. Es sind dabei mehrere Kinder beteiligt. Immer wieder fordert ein Kind ein anderes auf, weiterzumachen.
  Der Erzieher muß dabei darauf achten, daß das Paket am Boden bleibt und die Tücher zu einem Stern aufgeschlagen werden.
  Entdecken die Kinder den Stern? Ihr Augenmerk ist ja vor allem auf den Inhalt gerichtet. Wie mutet sie der Inhalt, das Stroh und das Briefkuvert an? Was können sie dazu äußern? Erkennen sie in der geöffneten Schachtel eine Krippe?

4. WIR HÖREN UND SCHAUEN EINE BOTSCHAFT

❍ Ein Kind öffnet den Brief. Die Erzieherin liest vor:

Eine Nachricht von Gott! Gott spricht:
Ich schicke euch einen hellen Stern.
Ein Licht leuchtet auf in der Nacht.
Ein Kind wird geboren, arm in einem Stall, auf Heu und Stroh.
Habt ihr Zeit für dieses Kind?
Habt ihr Platz für dieses Kind?
Nehmt ihr es auf in euren Häusern, in euren Herzen?

❍ Wir sprechen mit den Kindern über die Botschaft. Wir erklären, daß Menschen sich zu Weihnachten Pakete schicken, sich beschenken, weil Gott uns allen etwas Wunderbares geschenkt hat, Jesus. Viele Menschen verpassen aber vor lauter Geschenkemachen, Geschenkekaufen, Geschenkebekommen das Geschenk Gottes.

❍ Wir betrachten nochmals unser Bild und seine Botschaft, verdichten sie eventuell in dem Liedvers, den wir auch gestenhaft begleiten können:

Kett

5. WIR BEREITEN FÜR DAS KIND UNSER HERZ

❍ Wir greifen abermals an unser Herz und öffnen es mit dem alten Adventsruf:

Die Erzieherin wird den Vers vorsingen, vielleicht mehrmals und auch erklären, daß unser Herz Krippe und Kirche sein soll für Jesus. Wir können den Ruf mehrmals wiederholen und als Bitten dazwischen sprechen:

Jesus, wir warten auf dich.
Jesus, wir bereiten unser Herz.
Jesus, komm zu uns!
Jesus, schenke uns Licht!
Jesus, schenke uns Freude!
Jesus, schenke uns Liebe ins Herz!

Liedruf: Kett

❍ Die Kinder erhalten ein Herz (aus Karton, bzw. eine entsprechende Spanschachtel). Sie bekleben das Herz mit Buntpapier, bzw. bemalen es. Sie füllen es mit Stroh.
Dieser äußere Akt möchte versinnbildlichen, was in unseren Herzen vorgehen soll. Wir bereiten uns auf das Weihnachtsfest vor.

❍ Wir können dazu singen:

Kett

MIT DEM HERZEN HÖREN UND SCHAUEN

VORÜBERLEGUNGEN

Vor einiger Zeit hatte ich einen Traum, der mir eine wichtige Botschaft zu enthalten schien.
Ich sehe mich im Gebirge auf etwa 1500 m Höhe in einem kleinen Häuschen, wo ich des öfteren allein Urlaubstage verbringe. Ein enges, von einem Bach durchflossenes Tal trennt meine Seite von der anderen Bergseite. Auch dort befindet sich ein Gehöft, doch viel tiefer unten, schon bald im Talgrund. Eine große Steinlawine bricht los, verschüttet das Gehöft mit allem, was darin lebt, Menschen und Tiere. Ich eile hinab in der Absicht zu helfen. Aber es ist zwecklos. Das Haus ist mit Tonnen von Gestein zugeschüttet. Auch der Bach fließt nicht mehr ab, staut sich und geht mir schon bis zu den Knieen. Ich weiß, ich kann nichts mehr tun. Wenn ich bleibe, ertrinke ich. Ich muß wieder hinauf auf meine Anhöhe, in mein Häuschen zurück.
Mir wurde im Traum meine Lebenssituation vor Augen gestellt. Was mein Herz ahnte, haben mir Freunde zu deuten geholfen. Eine Lebensphase ist zu Ende gegangen, abgeschlossen. Es ist wohl die Phase, wo man eine Familie gründet, ein Haus baut, äußerlich und innerlich, und für dieses Haus Sorge trägt. Wenn ich da glaube, noch weiterhin verantwortlich sein zu müssen - die Kinder sind alle erwachsen - fließt mein Leben nicht mehr weiter. Ich laufe Gefahr zu ertrinken. Es steht jetzt an, hinaufzugehen in das Haus auf der Höhe, und meiner Tätigkeit dort nachzukommen, schreiben, meditieren, einfach leben, der eigenen Spiritualität nachgehen.
Ich verstehe den Traum aus meinem Glauben heraus als eine Weisung von einem, der größer ist als ich, der mich ins Leben rief und es gut mit mir meint, ja der mir die Fülle des Lebens schenken möchte und will, daß ich in Identität mit mir lebe. So darf ich für mich in Anspruch nehmen, was in der Bibel von Josef erzählt wird: Es erschien ihm im Traum ein Engel, und sprach zu ihm .... (Mth. 1,20). Gott gibt Weisung über seine Engel. Erschien dem Josef der Traumengel, so heißt es bei Maria: Der Engel trat bei ihr ein und sprach .... (Lk 1,28).
Die Botschaft der Engel, wie immer sie einem zukommt, ist ernst zu nehmen. Es gilt, auf ihre Weisung zu schauen, zu hören, zu horchen.
Um sie wahrzunehmen und ihr zu gehorchen, bedarf es des Bei-sich-Seins, der Offenheit, der Stille, einer großen Achtsamkeit gegenüber oft unscheinbaren Vorgängen des Leibes und der Seele.
Wenn wir Kindern erzählen, wie der Engel Maria und Josef erschienen ist, möchten wir sie mit der Heilsbotschaft Gottes vertraut und zugleich dafür sensibel machen, daß sich Gott auch an unser eigenes Herz wendet. Mit König Salomon wollen wir beten:
Gott, schenke uns ein hörendes, schauendes, ein erkennendes, ein weises Herz.

GESTALTUNG

1. GANZ OHR WERDEN

❍ Die Gruppe sitzt im Kreis. Der/die Erzieher(in) schlägt auf der Gitarre, bzw. einem entsprechenden Instrument laute und leise Töne an.

- Wem gefällt es laut? Wer mag es leise?
- Wir sprechen das Wort „laut“ ganz laut, das Wort „leise“ ganz leise.
- Der/die Erzieher/in beendet das Spiel mit leisen Tönen auf dem Instrument.

❍ Der/die Erzieher(in) schlägt leise Fingercymbeln an. Er/sie geht mit den Cymbeln von Kind zu Kind und hält jedem einzelnen ein Cymbelschale hin. Die Kinder werden mit einem „Augenblick“ aufgefordert, mit der zweiten Cymbelschale leise anzuschlagen.

❍ Ein Kind empfängt die Cymbeln und erhält die Aufgabe, den/die Erzieher(in) auf ihrem Stuhl „leise“ aufzuwecken. Der/die Erzieher(in) weckt ihrerseits ein Kind so auf, usw.

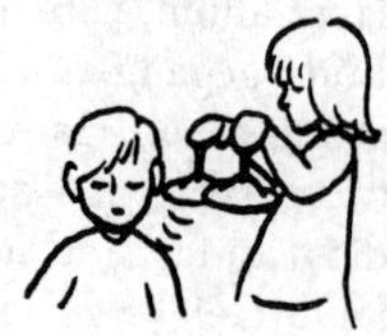

2. EIN HERZ GESTALTEN

❍ In der Kreismitte wird eine Klangschale abgelegt. Vier eingerollte Rhythmiktücher liegen bereit. Die Klangschale wird angeschlagen. Wenn ihr Ton ganz verklungen ist, beginnt ein Kind mit der Gestaltung des Herzens. Es schlägt nun seinerseits die Schale an und gibt einem weiteren Kind durch Blickkontakt die Aufforderung, die Gestaltung fortzusetzen (jeweils, wenn der Ton verklungen ist).

3. MIT GANZEM HERZEN HÖREN

❍ Der/die Erzieher(in) setzt sich ins „Herz“. Sie schließt die Augen, legt ihre Hände aufs Herz. Ein Kind darf ihr auf der Klangschale einen Ton schenken.

Zum Zeichen, daß für sie der Ton verklungen ist, öffnet sie die Hände. Sie lauscht eine Weile mit geöffneten Händen und geschlossenen Augen in die Stille, bis ein weiteres Tonzeichen ihr signalisiert, sich aus dieser Haltung wieder zu lösen.
Der/die Erzieher(in) liefert sich in diesem Tun den Kindern aus. Sie schenken Vertrauen. Sie geben ein „Vorbild" für ein Horchen von Innen heraus.

❍ Einzelne Kinder dürfen sich ins „Herz" setzen und in gleicher Weise ganz von Innen, aus dem Herzen, hören, auf die Stille horchen. Wir rufen dem horchenden Kind leise etwas Gutes zu, z. B.
Schön, daß du da bist!
Lisa, wir haben dich gern!
Tobias, Gott liebt dich!

4. DIE BOTSCHAFT DES ENGELS HÖREN

ERZÄHLUNG

Da ist eine Frau. Sie heißt Maria.

- Maria wird als Stabpuppe gezeigt.

Maria ist eine junge Frau. Sie wohnt in einer Stadt mit dem Namen Nazareth.

- Ein Kind trägt „Maria" einmal im Kreis und stellt sie dann im „Herzen" ab. Wir können dieses Tun mit einem Ruf begleiten:

Maria hat ein weites, gutes, ein frohes Herz. Maria singt gerne. Maria tanzt gerne. Maria freut sich, daß sie lebt. Maria weiß in ihrem Herzen, Gott hat mich lieb. Sie weiß auch, ein Mensch hat mich besonders lieb. Es ist Josef, mein Freund, mein Verlobter. Irgendwann werden wir ein ganz großes Fest feiern, Hochzeit. Wir werden dann füreinander da sein ein ganzes Leben lang. Wir werden Kinder haben, eine Familie sein.

Maria liebt es auch, wenn es in ihrem Herzen ganz still wird. Sie horcht und schaut dann in ihr Herz. Eines Tages ist es wieder ganz still im Haus geworden.

– Klangschale wird angeschlagen. Alle horchen auf den verklingenden Ton.

Es wird ganz hell im Haus und im Herzen Marias.

– Wir spielen mit den Händen, wie ein Licht aufstrahlt.

Ein Bote Gottes, ein Engel tritt ein in Marias Haus, in ihr Herz.
Er grüßt: Gegrüßet seist du Maria, voll der Gnade, der Herr ist mit dir.

– Wir wiederholen alle den Gruß des Engels und verneigen uns mit ihm mit hocherhobenen Händen.

Maria erschrickt in ihrem Herzen. Was soll der Gruß bedeuten? Der Engel sagt: Fürchte dich nicht. Gott kennt dein Herz. Er liebt dich. Er will in dir wohnen. Du sollst sein Tempel sein. Er will in einem Kind in dir wohnen. Jesus soll dieses Kind heißen. Er wird ein Großer werden, ein König, der Retter, der Heiland der Welt. Bist du bereit? Maria spricht: „Ja, ich bin die Dienerin, die Magd des Herrn. Es soll geschehen, wie du es sagst.“
Der Engel des Herrn hat die Botschaft gebracht.

– Eine Kerze wird entzündet und in das „Herz“ zu Maria gestellt.

5. EIN LIED FORDERT UNS AUF, AUF DIE STIMME DES EIGENEN HERZENS ZU HÖREN

2. Gott ist das Licht. Soll es dir leuchten, schaue in dich, wie Maria es tat.
   Vielleicht siehst du dann die Botschaft des Engels:
   Du bist voll Gnade, der Herr ist mit dir.
3. Gott ist die Liebe. Willst du sie spüren, öffne dein Herz, wie Maria es tat.
   Vielleicht spürst du dann die Botschaft des Engels:
   Du bist voll Gnade, der Herr ist mit dir.

Das Lied wir in seinen einzelnen Strophen vorgesungen. Die Kinder wiederholen jeweils den Vers:

„Du bist voll Gnade, der Herr ist mit dir."

Zwischen den einzelnen Strophen wird jeweils Zeit gelassen, um
- auf einen verklingenden Gongschlag zu hören (1.Strophe)
- das Licht zu schauen (2.Strophe)
- die Augen zu schließen, Hände und Herz zu öffnen und in dieser Haltung einfach da zu sein (3.Strophe).

6. DEM TRAUMENGEL BEGEGNEN

Josef wird als Stabfigur gezeigt, von einem Kind im Kreis getragen und zu Maria in das „Herz" gestellt.
Das Gehen wird von leiser Musik untermalt (Glockenspiel-Harfe, etc.).

ERZÄHLUNG

Das ist Josef, Josef aus Nazareth. Josef ist mit Maria verlobt. Maria und Josef lieben sich aus ganzem Herzen. Sie sind ein Herz und eine Seele.
Josef ist oft mit Maria zusammen. Eines Tages erfährt Josef, Maria ist schwanger, sie erwartet ein Kind. Josef erschrickt. Wenn Maria Mutter wird, muß er dem Kind ein Vater sein. Josef frägt sich: Kann ich das, bin ich dazu bereit?
Da kommt ein Engel auch zu Josef. Er kommt in der Nacht, im Traum. Es ist der Traumengel. Vielleicht grüßt er Josef, wie Maria begrüßt wurde: „Gegrüßet seist du, Josef, der Herr ist mit dir."
Josef erschrickt. Was soll dies bedeuten? Was ist die Botschaft des Engels?
Der Traumengel sagt: Josef, das Kind, das Maria im Leibe trägt, ist von Gott. Gott hat Maria das Leben anvertraut. Sie soll es hüten und bewahren, zur Welt bringen. Verlasse Maria jetzt nicht! Steh ihr zur Seite! Sei ihr ein guter Begleiter! Sei dem Kind ein Vater!

7. DAS HERZ GANZ KOSTBAR GESTALTEN

Maria sagt ja zu Gott. Sie will für Gott Haus, Tempel, Kirche sein. Auch Josef sagt ja zu Gott, will tun, was Gott von ihm fordert.
Maria und Josef bereiten ihr Haus, ihr Herz. Sie bereiten sich auf ihre Aufgaben vor, Mutter und Vater zu sein.

❍ Die Kinder schmücken das „Herz“ mit goldenen Kugeln, Plättchen, Edelsteinen.
Leise Musik begleitet das Tun. Wir können dazu auch singen:

Kett

2. Gott kennt dein Herz, er liebt dich sehr und er schenkt dir neues Leben.
3. Gott kennt dein Herz, du darfst für ihn sein, Haus und Tempel, seine Wohnung.

8. WIR GRÜSSEN ALLE, DIE AUF GOTTES ENGEL HÖREN UND SCHAUEN

Wir grüßen dich Maria. Du sagst ja zu Jesus, deinem Kind.
Gegrüßet seist du, Maria ...

Wir grüßen dich Josef. Du willst Jesus Vater sein.
Gegrüßet seist du, Josef ...

Wir grüßen alle Frauen, die ein Kind im Leib tragen und ihm Leben schenken wollen.
Gegrüßet seist du, voll der Gnade ...

Wir grüßen alle Männer, die Vater werden und ja zu ihrem Kind sagen.
Gegrüßet seist du, voll der Gnade ...

MACHT HOCH DIE TÜR, DIE TOR MACHT WEIT – EU'R HERZ ZUM TEMPEL ZUBEREIT

ÜBERLEGUNGEN

Macht hoch die Tür, die Tor macht weit,
eu'r Herz zum Tempel zubereit.
Die Zweiglein der Gottseligkeit
steckt auf mit Andacht, Lust und Freud;
so kommt der König auch zu euch,
ja Heil und Leben mit zugleich.
Gelobet sei mein Gott, voll Rat, voll Tat, voll Gnad.

Die 4.Strophe des alten Adventliedes kann Leitfaden für unseren Weg zur Krippe werden. Wir möchten, dem Text des Liedes entsprechend, unser Herz zum Tempel für den bereiten, der als König uns Heil und Leben bringt.
Ein großes Herz, Tannenzweige, Äpfel, Zapfen sagen uns dabei als äußere Zeichen, was in unserem Inneren geschehen soll. Versinnbildlichen die grünen Zweige Hoffnung, Leben, Grünkraft, die uns erfüllen sollen, so verweisen uns die in der Wärme aufgesprungenen Kiefernzapfen, daß es einer liebenden Beziehung bedarf, damit wir eine offene, hoffnungsvolle Einstellung zum Leben, seinen Aufgaben, zu unserem Lebenssinn gewinnen. In Offenheit, Vertrauen werden wir zum Tempel des hl. Geistes, der die Kraft zu allem Guten ist. Wir können Frucht bringen. Dafür stehen die Äpfel. Die Früchte des Geistes sind Freude, Liebe, Frieden, Güte, Wahrheit und Gerechtigkeit. Das göttliche Kind, das zugleich „König" ist - am Palmsonntag feiern wir sein Königtum - kann in uns wohnen und Gestalt annehmen.

Für die einzelnen Schritte unseres Weges setzen wir voraus, daß wir mit den Teilnehmern schon einige Herzerfahrungen gemacht, den Herzmenschen kennengelernt haben. In Maria und Josef sind wir Menschen begegnet, die mit dem Herzen hören und schauen. Über eigenes Schauen, Hören, Gestalten bereiten wir, diesen biblischen Menschen gleich, unser Herz zum Tempel Gottes.

Wir greifen bei der Darstellung unseres Adventweges auf Lieder, Zeichen und Texte zurück, wie sie bereits in den Heften der RPP 83-4, 87-3, 95-4 und 97-3 verwendet wurden. Das Neue ist der Rahmen, in dem die Anschauungen und Erzählungen zur Einheit gefasst sind: „Euer Herz zum Tempel zubereit." Die elementaren Betrachtungsweisen werden mit Texten verknüpft, die im Kinder-, Familiengottesdienst Verwendung finden können. Es läßt sich aus den vorliegenden Impulsen wohl eine ganze Reihe von Gottesdiensten und auch eine Kindermette gestalten.

1. MACHT HOCH DIE TÜR, DIE TOR MACHT WEIT

❍ Aus vier bis fünf roten Rhythmiktüchern wird ein großes Herz gestaltet.
(Kann z.B. in der Kirche das Herz als Bodenbild nicht eingesehen werden, stellen wir es plakativ auf einer Wand dar.)

❍ Wir betrachten das Herz und spüren uns vom Kopf bis zu den Füßen durch, oder auch umgekehrt.
Wir suchen unser Herz am rechten Fleck. Wir legen die Hand aufs Herz. Wir bedenken und zeigen es in der Gestik, wie unser Herz eng und weit, verschlossen und offen, schwer und leicht sein kann.

❍ Maria und Josef werden als (Stab)figuren in den Raum gebracht und in, bzw. vor das Herz gestellt.
Jetzt, in der Adventszeit wollen wir unser Herz bereiten für Jesus, den Heiland. Wir wollen es tun, wie es Maria und Josef getan haben. Sie haben den Engel geschaut, auf seine Botschaft gehört und ja gesagt zu dem, was Gott ihnen anvertrauen, schenken wollte.

Ruf:

V/A: Macht hoch die Tür, die Tor macht weit, eu'r Herz zum Tempel zubereit!

Wir singen den Ruf mehrmals und begleiten ihn auch mit einer entsprechenden Gestik und bitten, daß Jesus zu uns komme!

Im Gottesdienst können Ruf und Gestik mit dem Besinnungs-, Bußakt verbunden werden.

Gott, unser Vater!

– *Du verheißt uns Jesus, den Grund aller Freude. Wir hoffen und warten auf ihn. Es mache unser Herz frei von Mutlosigkeit, Verzagtheit, von dunkler Traurigkeit!*

Ruf: Macht hoch die Tür ...

– *Du verheißt uns Jesus, den Menschen voller Liebe. Wir hoffen und warten auf ihn. Er mache unser enges Herz weit in der Liebe!*

Ruf: Macht hoch die Tür ...

– *Du verheißt uns Jesus, den Heiland, den Retter und Friedensfürsten. Wir hoffen und warten auf ihn. Er schenke unseren Herzen Heilung und Frieden!*

Ruf: Macht hoch die Tür ...

Ja, komme, Gott, in Jesus deinem Sohn! Es komme deine Menschenfreundlichkeit, deine Liebe, dein Friede in unsere Herzen. Amen.

2. DIE ZWEIGLEIN DER GOTTSELIGKEIT STECKT AUF MIT ANDACHT, LUST UND FREUD

❍ Wir bedenken, daß wir im Advent unsere Wohnungen besonders schmücken. Die Kinder werden manches nennen können: Adventkranz, Sterne, Adventkalender, Lichter, etc.

❍ Ein großer frischer, duftender Tannenzweig wird, in einem braunen Tuch verhüllt, in die Versammlung gebracht. Ein besonderer „Umgang" mit dem Zweig macht uns bereit, seine Botschaft zu schauen und zu hören. Zu diesem Umgang gehören:

- den verhüllten Zweig von Hand zu Hand reichen, ihn durch das Tuch hindurch spüren, riechen;
- das Tuch aufdecken, die Zweige entdecken;
- den Zweig hochhalten und mit ihm durch den Raum gehen;
- mit dem Zweig einen der Anwesenden (er schließt die Augen) behutsam berühren;
- die Gestalt des Zweiges mit den Händen darstellen, allein, zusammen mit dem Nachbarn.

❍ Der Zweig erhält einen Platz in bzw. an unserem Herzen (Boden-, Wandbild). Ein Lied kann für einzelne zum Impuls werden, auszusprechen, was der Zweig uns sagen will, was seine Botschaft ist.

Adam

Mögliche Botschaften:

Ich bin grün. Ich bin auch im Winter grün, wenn viele Bäume kahl sind. Ich habe die Farbe des Frühlings, des Lebens. Bald kommt ein großes Fest. Ein Kind wird geboren, Jesus. Jesus bringt Freude. Jesus gibt Leben. Schmückt mit uns euer Haus für dieses Fest! Bereitet euer Herz!

❍ Wir bringen aus einem bereitgestellten Korb einander grüne Zweige und schmücken damit unser „Herz".
Während dieses Vorgangs singen wir wiederholt unser Lied, jetzt erweitert:

Macht hoch die Tür, die Tor macht weit, eu'r Herz zum Tempel zubereit; die Zweiglein der Gottseligkeit steckt auf mit Andacht, Lust und Freud.

Im Gottesdienst hören wir aus der Hl. Schrift:

Aufjuble Wüste, Öde!
Steppe, juble auf, wie Veilchen blühe sie! Aufblühe sie!
Sie juble, jauchze, jubiliere!
Den angsterfüllten Herzen ruft zu:
Getrost jetzt! Laß die Furcht!
Sieh, euer Gott ist da!
Is. 35,1 und 35,4

3. <u>SO KOMMT DER KÖNIG AUCH ZU EUCH; JA HEIL UND LEBEN MIT ZUGLEICH</u>

- Wir entdecken in einem Korb Zapfen (Kiefer- oder besser noch große Pinienzapfen). Sie zeigen verschiedene Grade der Öffnung, von verschlossen, halb offen, bis ganz offen.
- Wir übernehmen die unterschiedliche Gestalt in unsere Hände. Einzelne Kinder können sie auch mit ihrem ganzen Körper darstellen.
- Der Leiter öffnet die Verschlossenheit in den Händen bzw. im ganzen Körper des Kindes, indem er seinerseits Wärme verspüren läßt, die Hände des Kindes, dessen Körper umfängt.
  Der Vorgang wird gedeutet: Wärme, Nähe, Zärtlichkeit, Herzlichkeit öffnet!

<u>Im Gottesdienst:</u>

Im Gottesdienst erzählen wir vom Rufer in der Wüste, Johannes. Er verkündet das Kommen des Heilandes, Königs, des Messias:

Stimme des Rufers in der Wüste:
Bereitet den Weg des Herrn, macht eben seine Pfade!

Ins Gefängnis geworfen schickt der Johannes Boten zu Jesus. Sie sollen Jesus fragen: Bist du der Messias, der König, Heiland oder sollen wir auf einen anderen warten? Jesus gibt zur Antwort:

„Gehet hin und meldet Johannes, was ihr hört und seht: „Blinde sehen wieder, Lahme gehen, Aussätzige werden rein, Taube hören, Tote werden erweckt, Armen wird die Frohe Botschaft verkündet, und, selig ist, wer keinen Anstoß an mir nimmt". Mt. 11,4-6

<u>Gebet:</u>

Jesus, wir warten auf dich, unseren Herrn, unseren König. Du öffnest, was in uns verschlossen ist, Augen, Ohren, Mund und Hände. Du bringst in uns zum Leben, was erstarrt ist, tot. Jesus, wir wollen dir unser Herz öffnen und rufen: Komm, Herr Jesus, komm, du unser Heil und Leben!

❍ Die Kinder bringen einander Zapfen. Sie schmücken damit das Herz. Die Hoffnung und Erwartung, daß Jesus, seine Liebe unser Herz, all unsere Sinne öffnet und weitet, drücken wir aus, indem wir wiederholt während des Schmückens singen:

Macht hoch die Tür, die Tor macht weit,
eu'r Herz zum Tempel zubereit; die Zweiglein der Gottseligkeit, steckt auf mit Andacht, Lust und Freud; so kommt der König auch zu euch, ja Heil und Leben mit zugleich.

4. GELOBET SEI MEIN GOTT, VOLL RAT , VOLL TAT, VOLL GNAD

❍ Wir entdecken in einem Körbchen einen großen, roten Apfel.

❍ Der Apfel wird durch entsprechenden „Umgang“ zum „Tragen“ gebracht.
- Er wird von einem Kind im Kreis getragen.
- Er wird weitergereicht, indem der Empfänger jeweils die Augen schließt, die Hände öffnet.
- Wir zeigen die Gestalt des Apfels mit den Händen und träumen uns durch die Apfelhaut in sein Inneres hinein. Was können wir da sehen?
- Wir hängen unseren „Apfel“ vorstellungs- und gestenmäßig an einen Apfelbaum.
- Wir geben dem Apfel den Namen Frucht, Frucht des Baumes.

❍ Wir hören, daß auch wir Menschen Frucht bringen. Jedes Kind ist die Frucht des Leibes seiner Mutter. Aber auch ein gutes Wort, eine gute Tat bezeichnen wir als Frucht, Frucht unseres Herzens, unserer Seele.

❍ Wir denken an Maria. Ihr Kind, Jesus, das sie im Leib trägt, ist die Frucht ihres Leibes. Wir bringen uns gegenseitig Äpfel und schmücken damit unser Herz.

❍ Beim Schmücken des Herzens können wir mit kleineren Kindern singen:

Erzählung in Gruppe und Gottesdienst

In jenen Tagen machte sich Maria auf, und in freudiger Eile zog sie ins Bergland hinauf nach einer Stadt in Juda. Sie trat in das Haus des Zacharias und grüßte Elisabeth.
Als Elisabeth Marias Gruß vernahm, da hüpfte das Kind in ihrem Schoße; und Elisabeth ward von Heiligem Geiste erfüllt und rief mit lauter Stimme:
„Gesegnet bist du unter den Frauen, und gesegnet ist die Frucht deines Leibes! Woher wird mir die Gunst, daß die Mutter meines Herrn zu mir kommt? Als der Klang deines Grußes mir zu Ohren drang, da hüpfte das Kind in meinem Schoß vor Jubel auf. Selig, die du geglaubt hast! Denn es wird in Erfüllung gehen, was dir vom Herrn verkündet ward." Lk 1,39-45

Es wird notwendig sein, den biblischen Text bei Kindern anschaulich, mit eigenen Worten, also narrativ, zu erzählen. Figuren (Stabpuppen), die Maria und Elisabeth darstellen, können eingesetzt werden. Der Schauplatz der Begegnung zwischen Maria und Elisabeth, ein „Haus über'n Gebirge" kann als Bodenbild, etc. gestaltet werden.

Dank an Gott

Wir singen mit Maria den Lobpreis auf Gott:

2. Gott liebt das Schwache, er macht es stark und er schenkt ihm seinen Segen.
3. Gott liebt das Niedrige, er hebt es hoch empor und er schenkt ihm seinen Segen.
4. Gott sei gelobt, mein guter Gott; denn du schenkst mir reichen Segen.

Wir singen abschließend unser Adventslied in Gänze

Macht hoch die Tür, die Tor macht weit, eu'r Herz zum Tempel zubereit; die Zweiglein der Gottseligkeit, steckt auf mit Andacht, Lust und Freud; so kommt der König auch zu euch und Heil und Leben mit zugleich. Gelobet sei mein Gott, voll Rat, voll Tat, voll Gnad.

5. VERSCHLOSSENE TÜREN – HERZEN

Der Aufruf des Kaisers Augustus

Wir erfahren von ihm in Form eines Sprechspiels. Wir können dabei die Gruppe auch teilen. Ein Teil übernimmt die Rede der Kaiserboten, der andere Teil die Rede des Volkes.
Boten reiten durch die Städte und Dörfer, Boten des Kaisers Augustus. Auf den Plätzen der Dörfer schlagen sie die Trommel (Trommelschläge!).

Was verkünden sie?

V: Ein Befehl des Kaisers! – A: Ein Befehl des Kaisers!
V: Was will er denn? – A: Was will er denn?
V: Ihr sollt euch aufschreiben lassen.
V: Warum denn? – A: Warum denn?
V: Der Kaiser will wissen, wieviele Menschen in seinem Reich wohnen.
V: Wieso denn? – A: Wieso denn?
V: Dann weiß der Kaiser, wieviel Steuern er bekommt.
V: Ach so! – A: Ach so!
V: Wo müssen wir uns aufschreiben lassen?
A: Wo müssen wir uns aufschreiben lassen?
V: Ein jeder, wo er geboren ist, in seiner Heimatstadt!

Maria und Josef aber mußten von Nazareth nach Bethlehem ziehen, denn Josef stammt aus dem Hause, der Familie, dem Geschlecht des Königs David.
So erzählt die Heilige Schrift.
Maria und Josef aber sagen: Das hat uns gerade noch gefehlt, jetzt wo das Kind zur Welt kommen soll.

❍ Kinder bauen mit Bausteinen im Halbrund an das Herz die Stadt Bethlehem. Da Bethlehem Königsstadt ist, können wir ihr, gleich einer Krone, auf die Häuser goldene Kugeln setzen.

Herbergssuche

❍ Maria und Josef werden in Figuren (Stabpuppen) im Kreis getragen. Dazu singen wir:

Text und Melodie: Franz Kett

❍ Erzähler:
In Bethlehem angekommen, suchen Maria und Josef für sich und ihr Kind, das bald geboren werden soll, Quartier.

❍ Lied der Herbergssuche. Alle wiederholen den Ruf des Vorsängers.

Kett

Das Lied wird dreimal gesungen.
Die jeweilige Antwort lautet:

- Wir haben keinen Platz für Fremde.
- Wir haben keinen Platz für ein Kind.
- Wir haben keinen Platz für Arme.

❍ Erzähler:
Bethlehem, die Königsstadt, nimmt ihren König nicht auf. Es bleiben verschlossen die Türen und die Herzen all, Maria und Josef ziehen vor die Stadt hinaus in einen Stall.

❍ Kinder stellen die Figuren von Maria und Josef in das geschmückte Herz. Als Krippe wird die Schachtel mit Stroh (siehe Heft S. 18) in das Herz gegeben.

Gebet:

Jesus, wir warten auf dich.
Jesus, wir freuen uns auf dich.
Jesus, wir öffnen dir unser Herz.
Komm, Herr Jesus, komm!
Macht hoch die Tür, die Tor macht weit, eu'r Herz zum Tempel zubereit. Die Zweiglein der Gottseligkeit steckt auf mit Andacht, Lust und Freud. So kommt der König auch zu euch, und Heil und Leben mit zugleich. Gelobet sei mein Gott, voll Rat, voll Tat, voll Gnad.

6. DER KÖNIG WIRD GEBOREN

Sternenhimmel

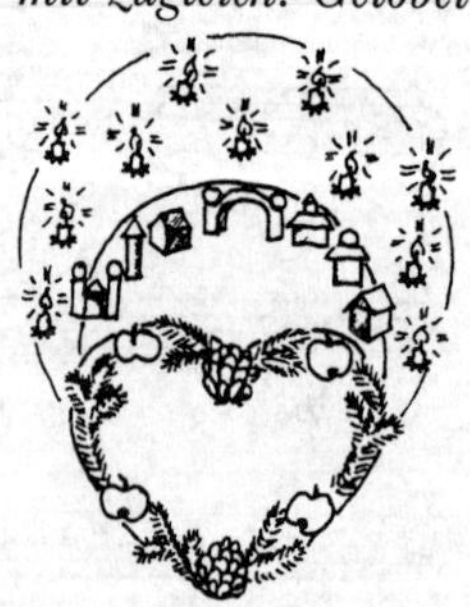

❍ Wir ziehen mit den Händen einen Bogen über uns und zeigen so den Himmel, der sich über uns – der Stadt Bethlehem ausspannt.

❍ Wir gestalten den „Himmel" mit blauen Tüchern als Halbrund über der Stadt.

❍ Wir lassen zu Cymbeltönen die Sterne aufgehen.
Wir spielen die Sterne mit dem Leib, besingen sie, tanzen sie mit Lichtern in der Hand:

❍ Wir schmücken mit den „Sternlichtern" unseren Himmel.
Dazu Ruf-Kanon:

Kett

Geburtserzählung

Die Nacht ist gekommen, die wir Heilige Nacht heißen. Es ist die Nacht, in der Mensch wird, der die Gestirne geschaffen hat und sie leuchten läßt, Sonne, Mond und Sterne; dessen Thron der Himmel ist und die Erde der Schemel zu seinen Füßen. Der König der Herrlichkeit macht sich klein. Er kommt in einem Kind, in einem Stall auf Heu und Stroh.

Es kam aber Marias Stunde. Sie gebar ihren erstgeborenen Sohn, hüllte ihn in Windeln und legte ihn in eine Krippe; denn in der Herberge war kein Platz für sie. Lk. 2, 7.

– Das Kind wird in die Krippe gelegt.

Maria schaut auf ihr Kind in der Krippe. In ihrem Leib ist es gewachsen. Jetzt ist es da. Schön, daß du da bist, sagt Maria wohl. Du mein Sonnenschein, du machst mein Leben hell. Im Evangelium nach Johannes heißt es von diesem Kind:

Es ist Licht vom Licht. Es leuchtet in die Finsternis. Es ist das wahre Licht, das jedem Menschen leuchtet, der in die Welt kommt. Joh. 1, 4.

– Die Kerze wird entzündet und zur Krippe gestellt.

Josef steht vor der Krippe. Er schaut auf das Kind. Er nennt es beim Namen, wie es der Engel befohlen hat: Jesus sollst du heißen.
– Alle wiederholen: Jesus sollst du heißen.

Wir schauen auf das Kind in der Krippe. Arm und klein kommt der, von dem der Engel verkündet hat:

Er wird groß sein und Sohn des Höchsten heißen. Gott wird ihm den Thron Davids, seines Vaters geben. Er wird herrschen über Jakobs Haus und seines Reiches wird kein Ende sein. Lk. 1, 32-33

– Eine Königskrone wird zur Krippe gelegt.

7. KOMMT, LASSET UNS ANBETEN

Dieses Kind, das König sein will auf der Erde, in unseren Herzen, wollen wir verehren. Wie die Hirten kommen wir, um es anzubeten.

❍ Alle werden aufgefordert, zur „Herzkrippe“ zu kommen. Wir singen dabei wiederholend:

❍ Wir knien uns vor der Krippe nieder, verneigen uns tief vor dem Kind, in dem Gott zu uns kommt, öffnen vor ihm Herz und Hände.
Einzelnen Kindern, Erwachsenen wird das Jesuskind in die Hände gelegt, die anderen empfangen und halten es in ihrer Vorstellung.

Lied:

T.: Sr. E. Kaufmann, M.: F. Mitterreiter

❍ Wir legen das Kind zurück in die Krippe und öffnen erneut unsere Hände. Wir füllen sie in der Vorstellung mit einem Geschenk. Was möchten wir dem Kind in der Krippe schenken,

- dem Jesus,
- dem inneren Kind, das in uns wachsen, werden möchte,
- den Kindern, die uns als Eltern, Lehrern, Erziehern anvertraut sind?

Wir verweilen in Stille und legen unsere „Geschenke" vor der Krippe ab, geben sie hin.

❍ Wir verneigen uns nochmals vor dem Kind, stehen ganz leise auf und singen und tanzen dann mit großer Freude:

T.: Kett, M.: Sr. C. Sillmann

2. Geht und sagt es allen Leut', was geschehen ist uns heut'.
Freude hier und Freude da. Jesus Christ, er ist jetzt da.

Tanzanleitung:

Kommt und tanzt und seid recht froh, denn im Stall auf Heu und Stroh	–	Wir gehen in Handfassung im Kreis
liegt ein Kind, es ist ganz klein; es soll unser Heiland sein	–	Wir wenden uns zur Krippe und richten die offenen Hände auf das Kind
Gloria, Gloria,	–	Wir drehn uns um die Achse und klatschen
Jesus ist geboren.	–	Wir heben die Arme nach oben

2. Strophe wird wie die erste getanzt. Bei „Freude hier und Freude da“ zeigen wir mit den Händen nach innen zur Krippe und dann nach außen.

ST. NIKOLAUS – DER BISCHOF MIT DEM GROSSEN, WEITEN HERZEN

EINFÜHRUNG

St. Nikolaus steht in der Reihe der großen Helferheiligen, die wir im Spätherbst, zu Beginn des Winters, feiern, zu einer Zeit also, wo wir sagen: „Weh dem, der kein Zuhause hat“. St. Nikolaus und St. Martin, den zwei heiligen Männern, stehen zwei heilige Frauen gegenüber: St. Elisabeth und die heilige Luzia. Sie alle wissen sich verbunden mit Jesus. Er ist der Helfer und der Heilige schlechthin und er ist zugleich der, der in allen Schwachen, Armen und Kranken gegenwärtig ist und in ihnen uns um unsere Hilfe bittet.
Er ist schon sehr merkwürdig, dieser unser Gott! Wir rufen ihn an in unseren Nöten und Ängsten und er ruft uns an in allen Leidenden, Geängstigten. Er ist die Liebe und er bedarf zugleich unserer helfenden Liebe. Gerade als Liebe ist er einmal die Kraft, die heilt und zugleich der Schrei nach dieser heilenden Kraft.
In unserer Nikolausgeschichte geht es um einen Menschen, der, in Habsucht erstarrt, unfähig geworden ist, Liebe zu empfangen und zu schenken. Nikolaus läßt ihn die überwältigende Kraft der Liebe erfahren nach dem, Satz aus dem Römerbrief: „Die Liebe Gottes ist ausgegossen in euere Herzen“ und wandelt sein versteinertes Herz in ein Herz aus Fleisch und Blut.
Frau Eder sei für die Fassung dieser Geschichte gedankt.

GESTALTUNG

<u>1. Die Stadt Myra – ein Bild unserer Gruppe</u>

Wir feiern heute das Fest des heiligen Nikolaus. Er wird zu uns auf Besuch kommen, im Spiel. Gelebt hat Nikolaus vor langer Zeit in der Stadt Myra. Wir wollen sie bauen.

❍ Die Kinder werden angeleitet, die Stadt, ihre Häuser leibhaft darzustellen. Jedes Kind wird zum Haus.

- Ein Haus steht auf <u>festem Grund</u> (auf dem Boden Füße abstellen).
- Ein Haus ist in seinen <u>Mauern</u> aufgerichtet. (Wir richten uns im Rückgrat, in der Wirbelsäule auf, sitzen aufrecht.)
- Ein Haus hat ein <u>Dach</u>. (Wir bilden es mit den Händen über dem Kopf.)
- Wir spüren nach, wie jeder <u>in seinem Hause</u> ist, behütet, beschützt durch ein Dach. Jeder ist ganz bei sich zu Hause!

❍ Die Kinder gestalten allein oder zu zweit mit einem Rhythmiktuch (Farbe ist zu wählen) vor ihrem Stuhl ein Haus.
Es muß darauf geachtet werden, daß jeder Platz für sein Haus bekommt. Es müssen unter Umständen einzelne Häuser verkleinert werden, damit genug Raum für jeden ist. Wir üben uns so in der Rücksichtnahme. Ein Hinweis, daß heutzutage jeder bauen möchte, Grundstücke aber teuer sind, vermag vielleicht die nötige Einsicht wecken.

❍ Wir fassen uns nochmals an den Händen durch, führen sie nach oben und verbinden uns so zur Stadt Myra.

2. <u>ST. NIKOLAUS WIRD ALS MENSCH MIT EINEM GROSSEN, WEITEN HERZEN UND ALS BISCHOF VORGESTELLT</u>

❍ In der Stadt Myra lebt der Bischof Nikolaus. Er ist bekannt durch ein großes, weites, gutes Herz, ein Herz für alle Armen und Kranken, ein Herz für die Kinder.

– Kinder gestalten auf einer der bereits aufgezeigten Weisen mit vier eingerollten roten Rhythmiktüchern in der „Stadtmitte" ein Herz.

❍ Wenn St. Nikolaus kommt, kann man ihn schon von weitem erkennen. Er trägt eine besondere Kleidung. Er ist ein Bischof.

– Ein Kind trägt eine <u>Mitra</u> im Kreis und legt sie im „Herzen" ab.
Seine Mütze heißt Mitra. Mit ihr wird Nikolaus groß, ragt er heraus, und die Menschen können schon von weitem sehen, wo der Bischof ist, wohin er die Menschen führen will.

- Ein Kind trägt den Bischofsstab im Kreis und legt ihn gleichfalls im „Herzen“ ab.
  Nikolaus trägt einen Stab, wie ein Hirte, den Bischofsstab. Wie der Hirte die Schafe dorthin führt, wo es ihnen gut geht, ans Wasser, auf die grüne Wiese, so will Bischof Nikolaus die Menschen auch dorthin leiten, wo es ihnen gut geht, zu Gott, ins Leben.

- Ein Evangelienbuch bzw. eine schöne Bibel wird von einem Kind im Kreis getragen und ebenfalls im „Herzen“ abgelegt.
  Bischof Nikolaus liest jeden Tag in dem Buch, in dem die Geschichten von Gott und von Jesus aufgeschrieben sind. Er hört darauf, was Jesus den Menschen sagen will. Nikolaus hört mit dem ganzen Herzen. Er hat ein hörendes Herz. Was er liest und hört, bewahrt er in seinem Herzen. Ein Wort Gottes, das Nikolaus besonders gerne hört, heißt:
  DIE LIEBE GOTTES IST AUSGEGOSSEN IN EURE HERZEN. Röm 5,5

3. WIR SINGEN, BZW. BETEN MIT DEM BISCHOF NIKOLAUS UM EIN GUTES HERZ

4. WIR HÖREN VON AVARRIZZO, EINEM MENSCHEN MIT EINEM HERZEN AUS STEIN

❍ Ein großer, schwerer Stein wird von Teilnehmer zu Teilnehmer gereicht. Jeder erspürt die Härte, Schwere, Kälte.

– wir zeigen die Härte in geballten Fäusten, indem wir uns selbst festhalten, verschließen, verengen, verfestigen, anspannen ...

❍ Der Stein wird in ein Haus (das des Erzählers) hörbar fallen gelassen.

ERZÄHLUNG

In diesem Haus wohnt ein Mensch, der ist so fest, so hart wie der Stein. Er hat ein Herz aus Stein, sagen die Menschen. Wie ist es dazu gekommen?

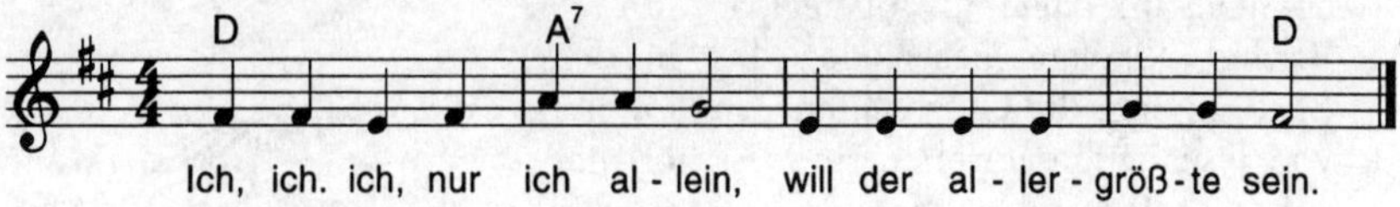

So singt dieser Mensch, Avarrizzo heißt er und sein Lied, sein Wunsch geht noch weiter:

V/A: „Ich, ich, ich, nur ich allein, will der allerreichste sein.“

V/A: „Ich, ich, ich, nur ich allein, muß der allererste sein.“

V/A: „Ich, ich, ich, nur ich allein, muß der allerstärkste sein.“

Avarrizzo muß ganz viel haben, besitzen, festhalten.

❍ Wir spielen es mit den Händen und sprechen es gemeinsam:

Fassen, fassen – viiiel fassen!
Nehmen, nehmen – viiiel nehmen!
Haben, haben – viiiel haben!
Immer mehr haben – alles haben!
Festhalten – nicht mehr auslassen!
Be – sitzen!

ERZÄHLUNG

Eines Tages hört Avarrizzo eine Stimme. Woher kommt sie, von außen, von innen, aus ihm selbst? Hört er sie im Wachsein, im Traum?
Was flüstert die Stimme?
„Avarrizzo, ich mache dich zum reichsten, zum mächtigsten Menschen in der Stadt, ja im ganzen Land. Willst du“?
„Ja, ja“, antwortet Avarrizzo, „nichts lieber als das.“
„Gut“, hört Avarrizzo die Stimme sprechen. „Es kostet dies natürlich auch etwas. Es kostet dich dein menschliches Herz. Gib es mir, ich gebe dir dafür ein Herz aus Stein. Dieses Herz übersieht alle Tränen der Menschen. Nichts kann es mehr rühren, keine Not, kein Elend, keine Bitte. Es ist stark – ellenbogenstark, dieses Herz. Mit ihm kannst du über Leichen gehen und dir alles nehmen, was du willst. Bist du einverstanden mit unserem Tausch?“

Avarrizzo, dessen Herz schon lange hart geworden war, braucht nicht zu überlegen. „Nichts wie her“, sagt er. Und so verliert er sein menschliches Herz, tauscht er es gegen ein Herz aus Stein. Und von nun an kennt er keine Schranken mehr. Er nimmt sich, was er kann. Er nimmt selbst von denen, die nichts haben, den Armen. Er nimmt erbarmungslos. Seinen Arbeitern zahlt er einen Hungerlohn. Bettler jagt er von der Tür. Hunde, Katzen, die sich an ihn schmiegen wollen, gibt er einen Fußtritt. Er wirft mit Steinen nach ihnen. Seine Frau, seine Kinder fürchten sich vor ihm. Er kennt nur noch eines: Geld, Geld, Geld! Besitz, Besitz, Besitz! Macht, Macht, Macht!

So klingt es manchmal nachts im Haus des Avarrizzo, oder ist es draußen auf der Straße? Wenn Avarrizzo dann die Tür aufmacht, ist niemand da. Er kann niemandem einen Stein nachwerfen. Avarrizzo ärgert sich dann. Er ist allein, ganz allein. Er kann nicht einmal mit einem Menschen streiten.

5. BISCHOF NIKOLAUS BESUCHT AVARRIZZO UND VERHILFT IHM WIEDER ZU EINEM MENSCHLICHEN HERZEN

ERZÄHLUNG

Bischof Nikolaus kennt die Menschen in seiner Stadt, die Großen, die Kleinen; die Alten, die Jungen; die Reichen, die Armen. Er kennt ihre Freuden, ihre Not. Sein Herz weiß vieles. Er kann in die Herzen der Menschen hineinschauen. Nikolaus kennt auch das steinerne Herz des Avarrizzo und denkt:
Der Mann ist so reich – und doch so arm.
Er ist ein Mensch und doch – so unmenschlich.
Niemand liebt ihn. Er lebt mit allen im Streit.
Er hat keinen Frieden. Es fehlt ihm die Liebe.
Und Nikolaus erinnert sich an das Wort im Gottesbuch:
DIE LIEBE GOTTES IST AUSGEGOSSEN IN EURE HERZEN.

Nikolaus will Avarrizzo die Liebe Gottes bringen, wie es Jesus getan hat. Auch in Avarrizzo soll die Liebe Gottes ausgegossen sein. So geht der Bischof Nikolaus eines Tages zum Haus des Avarrizzo, klopft an dessen Türe an. Wie Avarrizzo die Türe öffnet, mit einem Fluch auf den Lippen, blickt ihn Nikolaus einfach ganz offen an, voller Liebe. Er öffnet die Arme, geht auf den Avarrizzo zu, umarmt ihn und sagt: „Die Liebe Gottes ist ausgegossen in deinem Herzen.“

Diese Geste kann den Kindern vorgezeigt werden. Alle Kinder können die Geste, den Gruß, nachvollziehen!

Darauf ist Avarrizzo gar nicht vorbereitet. Dies hat er ganz und gar nicht erwartet. Der Gruß trifft selbst sein kaltes Herz. Ja, die Liebe, die fehlt mir, denkt er. Ich habe keine Liebe und niemand liebt mich.
„Wo kann ich die Liebe kaufen", frägt Avarrizzo den Bischof. „Sie fehlt mir. Ich zahle dafür einen guten Preis."
„Die Liebe läßt sich nicht kaufen", antwortet der Bischof. „Die Liebe mußt du tun. Ich helfe dir dabei, wenn du willst."
Und Avarrizzo, der so reich ist, alles besitzt, bloß nicht die Liebe, will.
Der Bischof setzt sich mit Avarrizzo an einen Tisch und überlegt mit ihm, wie die Liebe in sein Herz kommen und es verwandeln kann.

❍ Kinder werden aufgefordert, gleich dem Bischof Nikolaus, an seiner Stelle dem Avarrizzo zu sagen, was er zu tun hat.
Wer etwas weiß, entzündet ein Licht, stellt es ins Haus des Avarrizzo und macht seinen Vorschlag.

ERZÄHLUNG

Avarrizzo beginnt, dies und jenes zu tun. Es zerreißt ihm fast das Herz. Aber so ist es halt am Anfang, wenn etwas Hartes weich werden, schmelzen soll. Da kracht und klirrt es und es braucht viel Zeit. Allmählich aber verwandelt sein Mühen um das Gute, um die Liebe und den Frieden doch sein Herz, sein Haus. Es wird darin hell und warm. Und dann ist es eines Tages geschehen: Das steinerne Herz ist geschmolzen und in Avarrizzo schlägt wieder ein lebendiges, weiches, liebendes Herz.

– Der Stein wird aus dem Haus genommen und durch ein großes, leuchtendes Wachsherz ersetzt.

Sein Besitz und Reichtum schmilzt auch dahin. Dafür aber erlebt er die Freude der beschenkten Menschen. Seine Arbeiter achten ihn. Frau und Kinder müssen ihn nicht mehr fürchten. Auch die Tiere, Katze und Hund laufen nicht mehr vor ihm davon, sondern schmiegen sich an ihn. Er selbst kann wieder fühlen, Freude und Schmerz, die

Liebe. In sein Herz zieht der Friede ein. Er ist, wie man sagt, mit Gott und der Welt, vor allem mit sich, zufrieden und versöhnt.
St. Nikolaus hat mit seinem weiten, guten Herzen das steinerne Herz eines Menschen verwandelt, es menschlich gemacht.

❍ Wir singen mit kleinen Kindern:

Bei größeren Kindern – im Kindergottesdienst:

T. u. M.: Klaus Heizmann

6. DER NIKOLAUSBESUCH

❍ Die Kinder tragen Bischofsmütze, Stab, Buch aus dem Raum, weil es der Bischof braucht, wenn er zu Besuch kommt.

❍ Die Kinder werden motiviert, für den Besuch des Bischofs Nikolaus ihr Haus zu schmücken. Kleine Zweige, Zapfen, eventuell vergoldet, ein Teelicht für jedes Haus, vielleicht auch Kastanien, Nüsse, Bucheckern liegen als Schmuckmaterial bereit.

❍ Das Erwarten des Nikolausbesuches können wir mit dem Lied ausdrücken: „Laßt und froh und munter sein!“

❍ Der Nikolaus tritt ein, geht im Kreis, beschaut die Häuser der Stadt, besonders das Haus des Avarrizzo mit dem „entzündeten Herzen“. Er frägt die Kinder nach diesem Herzen, läßt sich die Geschichte des Avarrizzo erzählen. Wissen sie noch den wichtigen Satz, aus dem Gottesbuch: „Gottes Liebe ist ausgegossen in euere Herzen“?

❍ Bischof Nikolaus frägt die Kinder, ob sein Knecht kommen darf. Knecht Rupprecht hat den Sack mit den Äpfeln, Mandarinen, Lebkuchenherzen.

❍ Der Knecht Rupprecht oder Nikolaus verteilt die feinen Dinge aus dem Sack in die einzelnen Häuser.

Überliefert

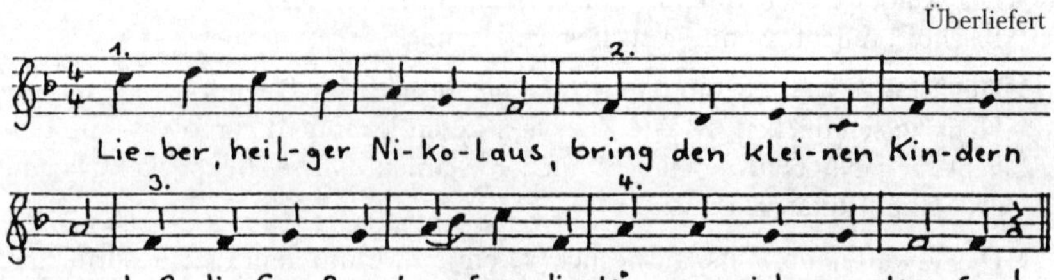

DU BIST EIN KIND DES LICHTS
ZUM FEST DER HL. LUZIA AM 13. DEZEMBER

EINE EINFÜHRUNG

„Da Thama mit'm Hamma haut d' as Hirn ei,
d' Luzia schneid't d' an Bauch auf -
und wennst gut davon komma bist,
dann kommt da Nikolaus und's Christkindl!"

Dieser Spruch stammt aus der Kinderzeit meiner Tante Katharina Zweckerl (Jahrgang 1930). Zwei vorweihnachtliche Schreckensgestalten dienten wohl damals in einigen Gegenden der Oberpfalz (Bayern) als pädagogisches Zuchtmittel: Der „Thama mit'm Hamma" und die „Bluadige Luz".

Der „Thama" geht dem Namen nach entweder auf den Apostel Thomas oder den Kirchenlehrer Thomas von Aquin zurück. Am „Thamastag" (21.12.) bzw. in der „Thamasnacht" gingen die verkleideten Burschen des Dorfes polternd um die Häuser. Sie schlugen mit einem großen, schwarzen Hammer gegen die Türen und die hölzernen Fensterverschläge, um den Kindern Angst zu machen. Man sagte, daß der „Thama" sehr böse auf neidische und unfolgsame Kinder wäre und diesen den Schädel einschlüge, falls sie sich nicht bessern würden. Der „Thama" ist wahrscheinlich eine Ausgeburt des germanischen Gottes Donar, der für das Donnern und Poltern zuständig war.

Ebenso bedrohend zeigte sich die „blutige" Luzia: Eine häßlich verkleidete Gestalt wetzte mit einem Wetzstein vor dem Haus ihr Metzgermesser oder ihre Sichel. Bösen und unartigen Kindern wurde ihr Erscheinen und das „Bauchaufschlitzen" das ganze Jahr hindurch angedroht. Der „Luziertag" (13.12.) war in ländlichen Gegenden von je her ein Schlachttag. Nicht selten soll es vorgekommen sein, daß die „Luz" in das Haus eindrang und dort mit dem Messer eine mit Blut gefüllte Schweinsblase aufstach. Wie gräßlich das Blutspritzen war, kann sich jeder denken. (Es könnte gut sein, daß sich darin etwas vom Martyrium der hl. Luzia widerspiegelte: Sie wurde um 304 n. Chr. mit einem Schwertstich in den Hals getötet.)

War man ein gutes Kind oder gelobte man an diesen beiden Tagen Besserung, so blieb man vor dem „Strafgericht" dieser Gestalten verschont und hatte offensichtlich gute Aussichten auf die Gaben des heiligen Nikolaus und des Christkindes.
Dieses eigenartige „Volksbrauchtum" hatte seine Wurzeln im germanischen Aberglauben an böse Geister. In den zwölf sog. Rauhnächten - um die Zeit

der Wintersonnwende - trieben sie ihr Unwesen (ab dem 21.12. werden die Tage wieder länger). Unglückseligerweise wurden dadurch die beiden wertvollen Heiligengestalten derartig verstümmelt, daß vom Sinn ihrer Festtage nicht mehr viel übrig blieb. Gottlob sind diese Schreckgestalten im Aussterben begriffen, denn ihre pädagogische Wirksamkeit ist doch höchst fragwürdig.

Zur Herzensbildung brauchen Kinder wie Erwachsene Vorbilder mit Herz. So war die heilige Luzia in ihrem Leben alles andere als ein Kinderschreck. Sie war eine Frau, die eine herzliche Beziehung zum Glauben und zu ihren Mitmenschen pflegte.

Die hl. Luzia ist geschichtlich bezeugt. Sie lebte um das Jahr 300 in Syrakus in Unteritalien (Sizilien). Dort fand man auch die Luziakatakombe mit ihrer Grabstelle. Ebenso ist uns eine Grabinschrift erhalten, die uns auf Luzia verweist. Und es gibt eine Luziabasilika, die auf das 5. Jahrhundert zurückgeht. Ihre Reliquien sollen von Syrakus nach Konstantinopel und von dort nach Venedig übertragen worden sein. Daher besingen die Gondolieri sie in dem Lied „Santa Lucia“ als die Patronin Venedigs.

Wie ihre Verehrung nun bis in den hohen Norden kam und sich gerade in Schweden tief verwurzelte, kann nur erahnt werden: Die Winternächte dort sind recht lang. Nur für etwa vier Stunden erhellen sie sich zum Halbdunkel. Der 13.12. fällt in die Zeit der Wintersonnenwende mit dem kürzesten Tag und der längsten Nacht. Danach werden die Tage wieder länger vom Licht erhellt.

Die hl. Luzia wird somit zu einer symbolischen Gestalt: Sie ist die Lichtträgerin, die die Wendezeit markiert und zugleich auf das kommende Weihnachtslicht hinweist.

Luzia war, wie gesagt, eine Frau mit Herz. Ihre herzliche Gesinnung zeigte sie in der Zeit der diokletianischen Christenverfolgung: Die verfolgten Christen versteckten sich damals in den dunklen unterirdischen Gängen der Katakomben. Luzia brachte ihnen Lebensmittel. Die helle Lichterkrone auf ihrem Kopf läßt etwas von ihrer innerlichen Helle nach außen hin sichtbar werden. Sie ist das augenscheinliche Symbol für den Glauben an Jesus Christus, der das Licht der Welt ist. Luzia wurde zu seiner Wegweiserin und machte sein liebendes Herz den Menschen offenbar.

DIE GESTALTUNG UND DIE ERZÄHLUNG DIESER ÜBERLIEFERUNG

Eine Anmerkung:

In die nachfolgende Erzählung und Gestaltung sind Aspekte der Taufe aufgenommen. Wenn diese nicht berücksichtigt werden sollen, dann kann der ganze Einschub auch ausgelassen werden.

I. GESTALTUNG EINES SCHAUPLATZES IN VIER MÖGLICHEN WEISEN

1. Alternative: Eine Hausgestaltung

❍ Mit zwei gelben Tüchern wird ein Haus gestaltet: Das eine Tuch wird als großes Quadrat ausgelegt, das andere dient - zu einem Dreieck gefaltet - als Dach.

❍ Wir denken über die Farbe nach und fragen uns, wie es in diesem Haus wohl zugeht: ... Da gibt es viel Freude; ... da geht man gut miteinander um ... usw.

2. Das Haus braucht feste Mauern!
3. Das Haus braucht auch ein Dach.
4. Im Haus, da ist es schön, da kann man's leuchten seh'n!
5. Warum strahlt unser Haus? Was leuchtet da heraus?
6. Die Liebe (die Freude, der Friede) wohnt im Haus, sie (er) leuchtet uns heraus!

❍ Zum LIED „Wir bauen jetzt ein Haus" könnten wir so ein Haus auch spielen: Ein Kind darf sich in das Mitte-Haus setzen. Die anderen setzen sich in einem möglichst engen Kreis um das Kind. Die Füße stellen wir gut auf den Boden (= Fundament; 1. Strophe). Wir fassen uns an und richten uns wie beim Bau einer Hausmauer langsam auf (2. Str.). Mit den Armen/Händen bilden wir ein schützendes Dach über dem Kind in der Mitte (3. Str.). Wenn wir ihm dann noch zulächeln, wird vielleicht etwas von der gelben Farbe des Hauses deutlich (4.–6. Str.).

❍ Schließlich schmücken wir das Haus an den Außenrändern (evtl. adventlich mit Zweiglein, Goldkugeln etc.).

2. Alternative: Eine Sterngestaltung mit einem Rhythmikreifen

❍ Ein Kind erhält einen goldenen Rhythmikreifen. Es geht damit auf ein anderes Kind zu und läßt es mit am Reifen anfassen. Das zweite Kind geht zu einem dritten usw., bis ca. 4–6 Kinder beisammen sind.

❍ Die Kinder gehen jetzt in die Mitte des Stuhlkreises, halten gemeinsam den goldenen Reifen (evtl. nur von den Fingerspitzen getragen) und lassen ihn langsam und gleichzeitig in die Höhe wandern, soweit die Arme des kleinsten Kindes reichen. Dann senken sie ihn ganz langsam bis zum Boden hin und legen ihn ab (kann auch mit geschlossenen Augen gemacht werden).

- Wir zeigen pantomimisch mit den Händen, was der goldene Reifen darstellen könnte (z. B. RING an den Finger stecken, KETTE um den Hals legen, STIRNREIF oder KRONE aufsetzen ...).
- Dann lassen wir entlang der Reifeninnenseite eine Holzkugel rollen. Wir sehen zu, wie sie zum Stillstand kommt. Wer sich von ihr „angesehen„ fühlt, darf mit seinen beiden Nachbarn je einen Zacken (mit goldenen Plättchen, Kugeln, Stäbchen) am Außenrand anlegen, bis alles „eingezackt" ist.

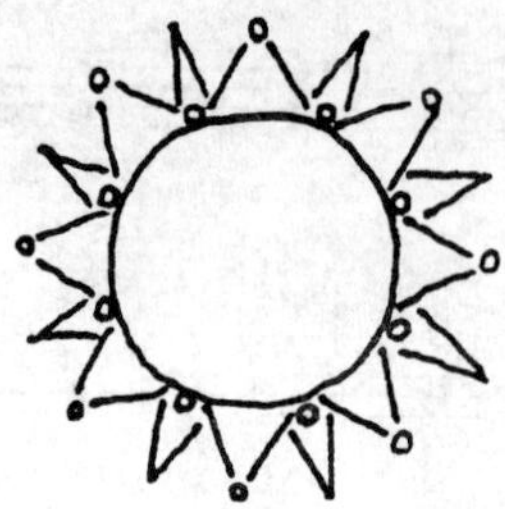

- Das so entstandene Bild erinnert uns an einen Stern, eine Krone oder eine Sonne. Wir legen es mit einem gelben Tuch aus und deuten es als STERN.

<u>3. Alternative: Eine Sterngestaltung mit gelben Tüchern</u>

- Vorbereitend wurden zwei gelbe Rhythmiktücher sternförmig übereinander gelegt. Wenn man jeweils die Tücherenden zur Mitte hin faltet, dann ergibt sich ein kleines, viereckiges „Tücherpäckchen".
- Dieses Päckchen könnte man zunächst vorsichtig im Kreis herumreichen und vermuten lassen, was da wohl drinnen ist ...
- Schließlich wird es in die Mitte des Stuhlkreises gelegt und ganz langsam, meditativ entfaltet: Ein Kind „schlägt" eine Tuchecke auf, blinzelt einem anderen zu, das dann weiter macht, usw. (Das jeweilige Aufdecken könnte mit einem Zimbelton begleitet werden.)
- Wir geben dem Mitte-Bild mit unserem Körper Ausdruck (z. B. mit den Händen/Fingern Sternzacken machen; einen Stern in die Luft zeichnen; eine Sternschnuppe vom Himmel sausen lassen; die Hände fassen, die Arme emporheben und einen großen Stern schauen ...).
- Wir spielen mit unseren Händen/Fingern das Funkeln der Sterne: Einer funkelt jemandem zu, dieser funkelt ebenso zurück. Beide machen sich „funkelnd" zueinander auf den Weg. Einer nimmt den anderen an der „Funkelhand" und führt ihn (unter Augenschluß) zurück zu seinem Platz: Sterne führen und geben Geleit auf meinem Weg.
- Auch Menschen können füreinander wie ein Stern sein. Sie können sich anstrahlen, sich den Weg zeigen, sich begleiten, sich die Angst vor der dunklen Nacht nehmen.

LIED:

❍ Die Außenränder unseres Sterns verzieren wir noch mit Goldteilen.

4. Alternative: Eine Herzgestaltung

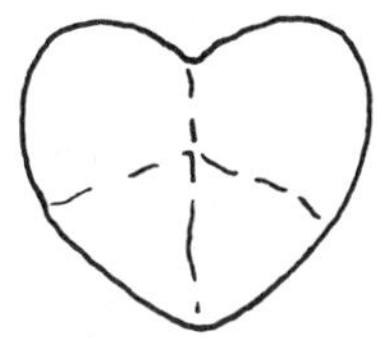

❍ Wir gestalten in unserer Kreismitte ein Herz mit vier roten Rhythmiktüchern. Damit können wir grundlegende Übungen aus dem Heft 2/98 verbinden.

Fortführende Gestaltung (zu Alternativen 2–4):

Um den Mitte-Stern bzw. das Mitte-Herz wird mit längsgefalteten dunkelbraunen Tüchern ein Haus gestaltet. Wir fragen uns:

❍ Ein Stern im Haus, was kann das bedeuten? ... Vielleicht geht in dem Haus ein Stern auf ... Da wohnt vielleicht jemand, der/die so hell wie ein Stern ist ...

❍ Was ist wohl mit dem Herzen im Haus gemeint? ... In dem Haus geht's herzlich zu ... Da wohnen Menschen, die sich lieben und ein großes weites Herz haben.

❍ Mit schönen, farbigen Legeteilen können wir die Herzlichkeit zum Ausdruck bringen. Dabei schmücken wir die braunen Haus-Tücher.

II. LUZIAS GEBURT UND TAUFE:

Erzählung:

Ich will euch von einer Frau und ihrem Mann erzählen. Sie wohnen in einem Haus zusammen. Dort ist es hell und freundlich. Denn die beiden haben sich von Herzen gern. Sie lieben sich und erwarten ein Kind. Die beiden Menschen sind guter Hoffnung. Sie spüren, daß das Kind im Mutterleib ihre Herzen froh und hell macht. „Dieses Kind bringt Licht in unser Herz hinein!“ sagen sie. Der Mann und seine Frau freuen sich auf die Geburt.

Diese Vorfreude strahlt aus. Sie ist richtig ansteckend: Alle Menschen ringsum spüren sie und freuen sich mit. „Schaut nur“, sagen die Leute, „wie die Freude aus ihren Augen herausleuchtet! Ja, Vorfreude ist doch die schönste Freude!“

Als die Zeit gekommen ist, bringt die Frau ein Mädchen zur Welt. Eine helle Freude erfüllt die beiden Eltern. Dieses kleine Kind ist wie ein heller Lichtschein in ihrem Leben. Sie nehmen es in ihre Hände und sorgen ganz liebevoll für dieses kleine Kind.

So wie die Eltern wollen auch wir offen für das Kind sein:

Wir bilden mit unseren Händen eine offene Schale. Ein kleines Püppchen wird achtsam und liebevoll von Handschale zu Handschale weitergegeben. Dazu singen wir:

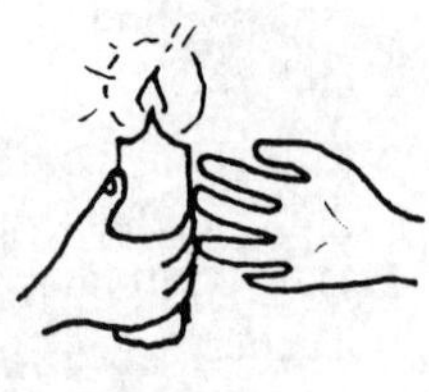

Oder als Alternative: Wir reichen eine brennende Kerze von Hand zu Hand. Sie ist Zeichen dafür, daß dieses Kind Licht ins Haus seiner Eltern gebracht hat. Dabei könnten wir singen:

Schließlich legen wir das Püppchen (z. B. in ein Seidentuch gehüllt, auf ein schönes Kissen oder Deckchen), bzw. stellen wir die Kerze in der Mitte des Hauses oder des Sterns, bzw. des Herzens ab.

Bald soll das Mädchen getauft werden. Bei der Taufe bekommt ein Kind seinen Namen. Die Eltern denken darüber nach, wie ihr Kind wohl heißen soll. Da fällt ihnen ein besonderer und passender Namen ein. Sie wollen das Mädchen Luzia nennen.
Der Name „Luzia" hat eine besondere Bedeutung. Er heißt soviel wie „die Leuchtende" oder „die Lichtvolle".
Und das ist auch wirklich so: Denn Luzia macht ihren Eltern das Leben hell und leuchtend. So taufen sie das Mädchen also auf den Namen Luzia. Durch die Taufe wird Luzia ein Gotteskind, ein Kind des Lichts.

MÖGLICHER TAUFEINSCHUB

Bei der Taufe gießt der Priester dreimal geweihtes Wasser über die Stirn des Kindes und sagte: „Luzia, ich taufe dich im Namen (+) des Vaters und (+) des Sohnes und (+) des Heiligen Geistes. Amen!"

Zu diesen Worten kann dreimal Wasser aus einem Krug in eine Schale gegossen werden, die dann zusammen mit dem Krug in die Mitte gestellt wird. Die Kinder können sich selber mit einem dreifachen Kreuzchen bezeichnen (bzw. bezeichnet werden). Dabei ist es möglich, daß wir uns entweder die Taufworte zusprechen: „ (Vorname) ..., ich taufe dich im Namen + + +. Amen!"
Oder wir verbinden die drei Kreuzchen mit dem Wunsch: „Gott (Jesus) sei in meinen/deinen Gedanken, Gott (Jesus) sei in meinen/deinen Worten, Gott (Jesus) sei in meinem/deinem Herzen!"

Wie bei jeder Taufe legt der Priester auch ein weißes Taufkleid über das Kind. Der Priester spricht dabei: „Luzia, Jesu Liebe soll dich einhüllen wie dieses Kleid. Jesu Liebe macht dich hell und schön. Seine Liebe kannst du in deinem Leben weiterschenken. Luzia, zieh Jesus an!"

Ein weißes Tuch wird neben dem Krug und der Schale in die Mitte gelegt.

Und noch etwas ist bei der Taufe wichtig: An der Osterkerze wird ein Licht für das Kind angezündet.
Wenn das Licht sprechen könnte, dann würde es sagen: „Ich leuchte dir! Ich wärme dich! Ich zeige dir den Weg! Bringe mich zu den Menschen, die ein Licht brauchen! Fürchte dich nicht!"
Wir glauben, daß Jesus unser Licht ist. Wo er ist, da wird es in den Menschen hell. Jesus sagt: „Luzia, ich bin dein Licht! Ich mache dein Leben hell! Fürchte dich nicht!"
Die Kerze soll Luzia immer an Jesus erinnern.
Die entzündete Tauf- bzw. Jesus-Kerze könnte von Kind zu Kind gereicht werden. Schön wäre auch ein Gestus, den die Hindus jeden Morgen machen. Dabei nimmt man etwas von der Wärme der Kerzenflamme in sich auf: Eine Hand wird über die Kerze gehalten, so daß sie warm wird.

Dann berührt man mit dieser Hand die eigene Stirn und spürt die Wärme.
Danach tragen wir die Kerze in die Mitte; sie könnte mit kleinen Lichtstrahlen geschmückt werden ...

Damals gab es nach der Taufe einen guten Brauch. Die Eltern stellen noch Salz und Brot neben Luzias Wiege. Der Vater sagt zu Luzia: „Salz und Brot sind für uns Menschen lebenswichtig. Du, Luzia, sollst wie Salz und Brot für andere Menschen sein. Wenn du größer bist, dann sollst du dich daran erinnern: Sei gut zu den Menschen, die dich brauchen! Du bist für sie lebenswichtig!“
Und der Vater singt für seine Tochter dieses kleine Lied:

Man könnte ein Schüsselchen bzw. ein Döschen mit Salz und ein Körbchen mit einem Brotlaib entdecken, schütteln, herumgeben, riechen, schmecken und schließlich ebenfalls in die Mitte stellen.
Ein vertiefendes Gespräch über Salz und Brot wären sicherlich interessant: Warum brauchen die Menschen Salz und Brot? ... Ohne Salz schmecken die Speisen nicht - Salz taut Eis auf - der Mensch schwitzt salzigen Schweiß, darum muß er Salz zu sich nehmen - Brot macht satt und gibt Kraft - Brot kann man teilen - Brot schenkt wieder neuen Mut ...

ENDE DES TAUFEINSCHUBS

Nach ihrer Taufe bekommt die kleine Luzia natürlich auch Besuch. Wenn ein Kind geboren wird, dann kommen die Menschen gerne zum Anschauen. Alle Leute, die das Kind besuchen, bringen gute Wünsche mit. Gute Wünsche sind wie kleine Lichter, die in das Leben hineinleuchten.

Es werden Teelichter angezündet. Wer mag, darf ein Licht nehmen, es auf bzw. in das gelegte Haus, bzw. den Mittestern oder das Herz stellen und dem Kind einen guten Wunsch zusagen: z. B. „Ich wünsche Dir viel Freude!" „Ich wünsche Dir gute Freunde!" „Ich wünsche Dir alles Gute!" „Ich wünsche Dir ein gutes Herz!" „Ich wünsche Dir ein schönes Lachen!" ...
Nach jedem Wunsch singen wir das

<u>LIED:</u> Sei einmal ganz leis ... was ich dir wünschen will.

Falls der Taufeinschub ausgelassen wurde, wäre es für kleinere Kinder ratsam, die Wunsch-Lichter mit konkreten Dingen zu verbinden, z. B. mit Brot („Ich wünsche Dir immer einen guten Appetit!"), mit Wasser, einem Kleid oder einem Ball ...

<u>III. LUZIA HÖRT VON JESUS</u>

Luzia bleibt nicht immer ein kleines Baby. Sie wird größer. Wie jedes andere Kind ist auch Luzia neugierig. Sie will von ihren Eltern viele Dinge wissen. Sie stellt viele Fragen ...
Eines Tages fragt sie: „Warum heiße ich Luzia?" Da erzählen ihre Eltern:
„Wir freuten uns auf deine Geburt. Du hast unser Herz froh und hell gemacht. Darum nannten wir dich 'Luzia', das heißt soviel wie: die Leuchtende, die Lichtvolle. Du bist für uns wie das Licht einer Kerze. Du machst unser Leben hell."

Natürlich fragt Luzia auch nach der Taufe. Die Eltern erzählen darüber und daß sie seitdem ein Gotteskind, ein Kind des Lichts ist. Sie erzählen auch von den Menschen, die ihr gute Wünsche mit auf den Lebensweg gegeben haben.
Luzia fragt auch nach Jesus. Sie hört ihren Eltern gerne zu, wenn sie von ihm erzählen. Sie will vieles über Jesus wissen: Wo wurde er geboren? Was hat Jesus in seinem Leben alles getan? Wo ist das alles aufgeschrieben?

Eine Heilige Schrift oder (falls vorhanden) eine Schriftrolle wird den Kindern gezeigt, besprochen und in die Mitte gelegt; auch die Jesusikone ist denkbar.

Die Mutter muß ihr viele Geschichten von Jesus vorlesen. Und ihre Liebe zu ihm wird immer größer. Lucia glaubt ganz fest an ihn.
Das liebste Jesus-Fest im Jahr ist für Luzia das Weihnachtsfest. An Weihnachten ist Jesus als kleines Kind auf die Welt gekommen.
Und die Geschenke mag sie auch. Die Menschen beschenken sich an Weihnachten, weil Gott uns Jesus geschenkt hat.

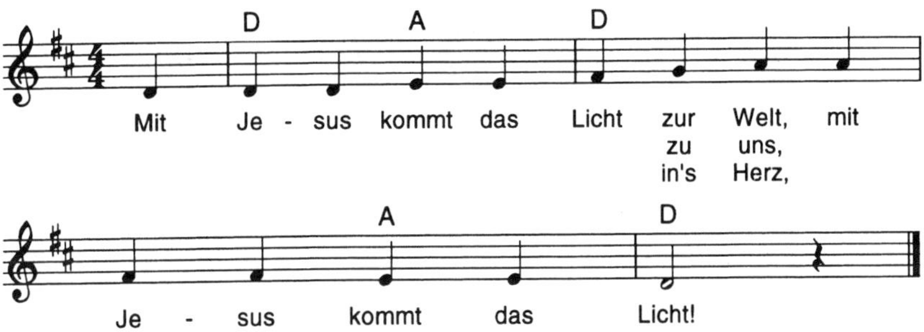

Jesus war gut zu allen Menschen, die ihn brauchten. Er war für sie wie das Licht, das ihr Leben hell macht. Er war für sie wie ein Stern, der in dunklen Stunden den Weg zeigt.
So wie Jesus will Luzia auch sein. So ist sie gut zu allen Menschen, die ihre Hilfe brauchen.
Sie hat ein ganz einfaches Lieblingsgebet, und das geht so:

V/A: Jesus, schenk mir gute Augen, die wie deine sehen.
Jesus, schenk mir gute Ohren, die wie deine hören.
Jesus, schenk mir gute Worte, die wie deine klingen.
Jesus, schenk ein gutes Herz, das wie deines liebt.
Jesus, schenk mir gute Hände, die wie deine helfen.

IV. LUZIA HILFT IHREN FREUNDEN IN NOT

Luzia will alles über Jesus wissen. Ihr Glaube an ihn wächst von Tag zu Tag. So gehört sie in dem Land, in dem sie wohnt, bald zu den treuesten Christen. So heißen die Menschen, die auf Jesus getauft sind und an ihn glauben.
Doch es ist in der Zeit, in der Luzia lebt, nicht leicht, eine Christin zu sein. Der Kaiser in Rom (das ist eine große Stadt in Italien) hat etwas gegen Jesus und seine Freunde. Er mag sie nicht, ja, er haßt sie. Er will nicht, daß die Menschen in seinem Reich an Jesus glauben. Die Menschen sollen an ihn, den Kaiser glauben und an seine Götter. So sagt er:
„Ihr Leute sollt nur mich verehren und meine Götter! Ihr sollt nur an mich glauben und meine Götter! Ihr sollt nur mir gehorchen und meinen Göttern! Ihr sollt nur mich anbeten und meine Götter! Und wenn ihr diesen Christengott, diesen Jesus anbetet, dann ... geht es euch schlecht!"
Da werden die Menschen, die an Jesus glauben, sehr traurig. Doch sie lassen sich vom Kaiser nicht erschrecken: Sie glauben weiter fest an Jesus, den Sohn Gottes.
Und so kommt, was kommen muß: Der Kaiser läßt die Christen suchen, verfolgen, einsperren und sogar töten! Die Menschen haben große Angst, und es wird in ihrem Leben sehr finster.

Als Ausdruck dafür könnte man mit schmal gefalteten dunklen Tüchern um das Mittebild einen Kreis legen. Wir singen dazu:

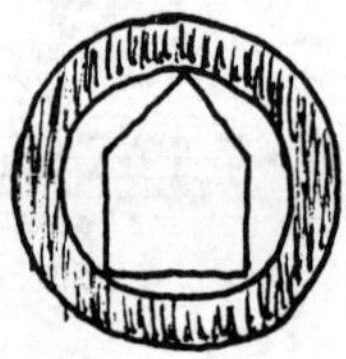

Die Christen denken sich: „Wir müssen uns verstecken, bevor sie uns finden!" Und so verstecken sie sich ... in tiefen, dunklen Höhlen.

Mit grauen Tüchern werden um das Mittebild Höhlen geformt (zwischen den einzelnen Höhlen ein bißchen Abstand lassen!).

In ihrem dunklen Versteck fühlen sie sich sicherer. Sie können wieder aufatmen. Eine Zeit lang geht das gut. Doch die Menschen müssen sich eine lange Zeit in ihren Höhlen verstecken: Aus Tagen werden Wochen, aus Wochen werden Monate ...
Und so haben sie nun eine andere große Not: Langsam gehen die Vorräte aus. Es fehlt in den Höhlen an allem, was man notwendig zum Leben braucht ...
Sie können ja nicht so einfach in die Stadt gehen und sich Nahrung und Kleidung besorgen. Lange würden die Vorräte nicht mehr reichen - und dann?
Die Zeit vergeht und das Weihnachtsfest ist gekommen. An Weihnachten hat uns Gott seinen Sohn geschenkt. Aus Freude darüber machen sich die Menschen schon immer Geschenke.
Auch die Menschen in den Höhlen hätten sich gerne etwas geschenkt. Doch sie haben nichts. Sie wünschen sich, daß Gott sie nicht vergißt. Und so beten sie ganz fest zu Gott. Vielleicht würde er sie ja erhören und einen guten Menschen auf den Weg zu ihnen schicken!?

Luzia kann sich immer noch frei bewegen. Natürlich muß auch sie aufpassen, aber bis jetzt tut ihr noch niemand etwas zuleide. Luzia weiß, daß sich ihre Freunde vor den römischen Soldaten versteckt haben. Sie kann sich die große Not dort in den Höhlen vorstellen.
Luzia spricht in ihrem Herzen immer noch jeden Tag ihr einfaches Lieblingsgebet, das sie schon als Kind gesprochen hat:

V/A: Jesus, schenk mir gute Augen, die wie deine sehen.
Jesus, schenk mir gute Ohren, die wie deine hören.
Jesus, schenk mir gute Worte, die wie deine klingen.
Jesus, schenk mir ein gutes Herz, das wie deines liebt.
Jesus, schenk mir gute Hände, die wie deine helfen.

Als Luzia wieder dieses Gebet spricht, da ist es ihr, als könnte sie eine Stimme in sich hören:
„Luzia, Luzia! Hilf meinen Brüdern und Schwestern! Geh in ihre Höhlen und mache ihnen eine Weihnachtsfreude! Ich werde bei dir sein und dich behüten! Denn was du einem anderen Menschen Gutes tust, das tust du mir!"

Hier könnten wir evtl. das LIED singen:

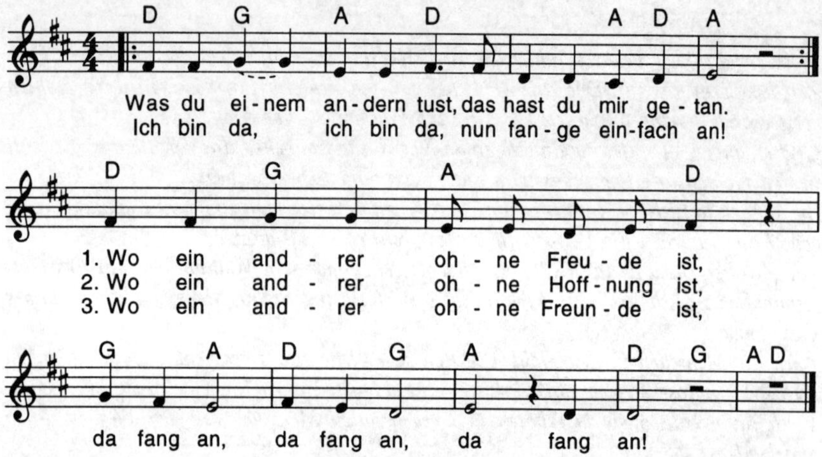

Evtl. packen wir in zwei Körbe die Sachen ein, die Luzia den Menschen bringt. Dabei können wir die Dinge aus unserer Mitte nehmen.

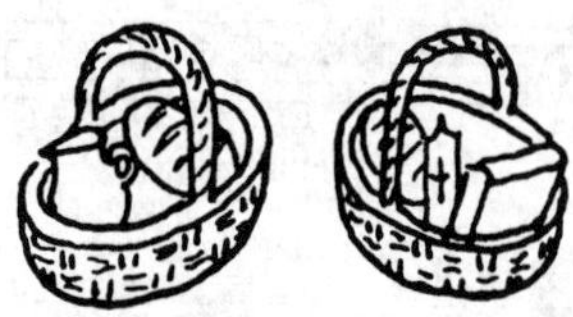

Sie trägt die zwei Körbe bis vor die Tür. Als sie diese aufmacht, schaut sie vorsichtig hinaus. Die Nacht ist sehr dunkel und sie sagt sich: „Jetzt brauche ich noch Kerzen, die mir den Weg zu meinen Freunden leuchten." Doch in jeder Hand hat sie einen Korb zu tragen. Wie soll sie da noch eine Kerze halten können?
„Muß ich etwa einen Korb daheim lassen?" denkt sie ... Nein! Denn plötzlich hat sie eine großartige Idee: Sie macht sich einen Kranz, steckt Kerzen darauf, zündet sie an und setzt ihn auf den Kopf.

Man könnte einfach ein gelbes Tuch nehmen, es zu einem Dreieck falten, rollen, an den Enden verknoten und einem Kind als „Lichterkrone" aufsetzen.
Oder man nimmt einen Holzstirnreif, besteckt ihn mit Kerzen und zündet sie an.

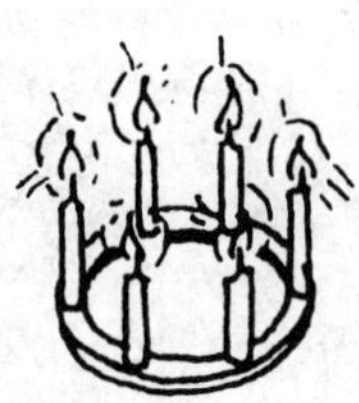

So hat Luzia nun beide Hände zum Tragen der Körbe frei. Und so geht sie hinaus zu ihren Freunden ...

So, wie Luzia es getan hat, bringen wir den Menschen in den Höhlen das, was sie dringend brauchen. Mit Seilen oder braunen Tüchern legen wir von Höhle zu Höhle einen Weg. Jedesmal, wenn ein Wegstück eine Höhle erreicht, kann ein Kind dort einen Gegenstand aus dem Haus oder dem Korb ablegen. Immer wenn eine Gabe vor oder in eine Höhle gelegt wird, wird auch ein Teelicht (evtl. ein Wunschlicht aus der Mitte) mit vor die Höhle gestellt. Wenn es möglich ist, dann können wir auch sagen, was wir bringen und was wir wünschen: Kleider, Brot, Wärme, Geborgenheit, Mut, Kraft.

2. Wo jemand sehr durstig ist, schenkt sie Wasser ein.
   Und die Menschen spüren gleich: Wir sind nicht allein!
3. Wo jemand vor Kälte friert, schenkt sie Kleider her.
   Und die Menschen spüren gleich: Gott liebt uns so sehr!
4. Wo jemand verzweifelt ist, schenkt sie Trost und Mut.
   Und die Menschen spüren gleich: Gott meint's mit uns gut!

(Nach jeder Strophe darf ein anderes Kind ein Stück Weg legen und etwas zu der Höhle tragen. Wir könnten aber auch das LIED „Sei einmal ganz leis„ mit verändertem Text dazwischen singen: „Sei einmal ganz leis, sei einmal ganz still, weil ich etwas weiß, was ich dir bringen will!„)

Ihr könnt euch vorstellen, wie sich die Menschen in ihren dunklen Verstecken freuen, als Luzia zu ihnen kommt. Dieses Weihnachten wird für sie wirklich zum Fest der Freude und des Lichts.
Sie spüren: Unser Gebet ist erhört worden. Sie dürfen erfahren: Es gibt Menschen, die ganz hellhörig sind; es gibt Menschen, die ein gutes Herz haben und unsere Not spüren; es gibt Menschen, die sich um uns sorgen; es gibt Menschen, die uns Licht und Hoffnung bringen.
Ja, so ein Mensch ist Luzia.
Nicht nur die Menschen in den Höhlen freuen sich, daß Luzia kommt. Auch Jesus freut sich über Luzia. Sie hat sich an ihm ein Beispiel genommen. So wie er für die Menschen da war, so ist auch Luzia für andere da. Luzia ist wirklich so lebenswichtig wie Licht, wie Brot und wie Salz geworden.

Weil Luzia wie Licht für andere war, feiern wir ihren Namenstag im Advent. Im Advent zünden wir die Lichter am Adventskranz an. Das wollen wir jetzt tun und dabei an Luzia denken ...

Zum Schluß segnen wir unser Brot und schneiden es in Scheiben. Immer zwei Kinder erhalten eine Scheibe Brot und teilen sie miteinander.
Wir fassen uns an den Händen und beten:

Guter Gott, wir danken dir für die heilige Luzia.
Schenke auch uns Augen, die sehen, wo Menschen Hilfe brauchen.
Schenke auch uns gute Hände, gute Worte, gute Füße, ein gutes Herz.
So können auch wir einander Gutes tun und die Welt wird hell und froh um uns.
Hilf uns dazu, du guter Gott. Amen.

Wir singen noch einmal das LIED: Luzia, Luzia trägt das Licht.

Die Kinder könnten noch viele Lichter auf den schwarzen Nacht-Kreis stellen oder darauf Sterne gestalten. Zwischen die Lichter werden Tannenzweige hingelegt, evtl. jeweils mit einer Rose dazwischen. Sie ist Zeichen der Freude, der Liebe und der Hoffnung für diese Menschen in der Dunkelheit.
Die Kinder könnten auch die Wege zu den Höhlen mit Lebenszeichen, Blumen etc. schmücken.

Kursausschreibung

EINES TAGES KAM EINER MIT
EINEM GROSSEN, WEITEN HERZEN,
MIT EINEM HERZEN VOLLER LIEBE,
EINEM HERZEN VOLLER LEBEN.

An einem Wochenende bereiten wir uns auf dem ganzheitlichen Weg auf die Feier des Osterfestes vor.

ZEIT-, ORTSANGABE:

Beginn: Freitag, 26. März 1999, 18.00 Uhr
mit dem Abendessen

Ende: Sonntag, 28. März 1999, 13.00 Uhr
mit dem Mittagessen

Leitung: Franz Kett und Mitarbeiter

Ort: Oase Steinerskirchen
Besinnungshaus der Herz-Jesu-Missionare
86558 Hohenwart

Telefon: (08446) 9201-0
Telefax: (08446) 1233

KURSGEBÜHREN:

Einzelzimmer: DM 190,00
Doppelzimmer: DM 170,00

ANMELDUNG:

Es wird gebeten, die Anmeldung nur schriftlich zu tätigen unter Angabe der vollen Adresse und Telefonnummer bei:

Franz Kett
Irisstraße 4
82194 Gröbenzell